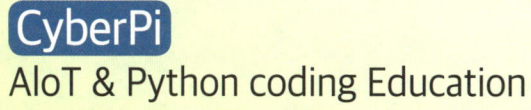

사이버파이와 함께하는
인공지능 파이썬 & 블록코딩

사이버파이와 함께하는
인공지능 파이썬 & 블록코딩

차 례

Basic CyberPi 블록 코딩

01 LED조절기	5
02 뮤직 박스	15
03 이퀄라이저	23
04 녹음기 만들기	31
05 스마트 녹음기	39
06 조이스틱 활용 텍스트 전환	45
07 스톱워치	53
08 스마트 걷기	59
09 게임 컨트롤러	65
10 플렉사곤 만들기	79
11 면역력 키우기	89
12 택배 물류 시스템	99
13 독서실 사용자 시스템	107

14 주변 소음 측정기 ········· 115

15 AI 번역기 ········· 121

16 데이터차트 활용하기 ········· 127

17 방향 맞추기 게임 ········· 137

<부록> ········· 146

Chapter
CyberPi 파이썬 코딩

01 변수와 입출력 ········· 147

02 조건문 ········· 159

03 반복문 ········· 167

04 함수 ········· 179

05 리스트, 튜플, 딕셔너리 ········· 193

06 인공지능 IOT 만들기 ········· 205

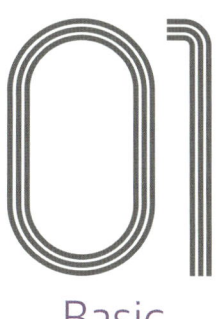

01 Basic

CyberPi 블록 코딩
LED조절기

학습목표

1. 사이버파이의 LED 위치를 인지하고, 사용할 수 있습니다.

2. 변수를 사용하여 저장된 값을 바꿀 수 있습니다.

3. 사이버파이의 버튼을 활용하여 밝기 조절을 할 수 있습니다.

01. 프로젝트 미리 보기

LED(발광다이오드)는 전류를 가하면 빛을 발하는 반도체 소자입니다. 전자 제품 작동 표시등과 같은 단순 역할에 머물러 왔던 LED가 지금은 휴대폰의 키 패드, 냉장고 음식물의 신선도 유지, 교통 신호등, 시각 장애인 LED 점자 블록, 거리 광고 표지판 등 우리 실생활 곳곳에서 쉽게 접할 수 있습니다.

이 장에서는 사이버파이 조이스틱과 버튼을 통해 LED 밝기가 다양하게 변화 할 수 있도록 학습해 봅시다.

 사이버파이 RGB LED 알아보기

사이버파이 LED는 빛의 3원색인 빨간색, 녹색, 파란색의 조합으로 색을 표현하며, 각 색은 0~255까지 256가지의 값으로 표현할 수 있습니다.
표현할 수 있는 총 색상 수는 약 1만 6천 가지 색상
(256 x 256 x 256 = 16,777,216)입니다.

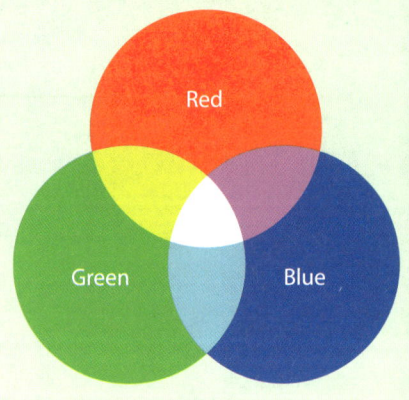

[그림1-1] 빛의 3원색

 RGB LED 색 조합 표

RGB의 값을 조합하여 자신만의 다양한 색을 만들어 낼 수 있습니다.

색	R(Red)값	G(Green)값	B(Blue)값
빨강	255	0	0
주황	255	127	0
노랑	255	255	0
초록	0	255	0
파랑	0	0	255
보라	148	0	211

02. 프로젝트 기초 학습 하기

사이버파이는 측면부에 5개의 RGB LED가 일렬로 있습니다. 일렬로 나열되어 있어 사이버파이 RGB LED 스트립이라 부릅니다.
RGB LED는 빨간색(RED), 녹색(GREEN), 파란색(BLUE)의 빛을 단일로 켜거나 혼합해서 색을 표현할 수 있습니다.

LED의 위치는 그림1-1과 같습니다.
전면부의 조이스틱과 버튼을 통해 사이버파이를 다양하게 제어할 수 있습니다.

[그림1-1] 사이버파이 RGB LED 스트립

중요블록 보기

블록 카테고리		블록 기능
이벤트	when CyberPi starts up	사이버파이가 켜졌을 때, 블록을 실행시킬 수 있습니다.
	when joystick pulled↑	조이스틱과 버튼을 누르면 블록을 실행시킬 수 있습니다. ▼ 버튼을 클릭하면 조이스틱 방향과 버튼 B를 선택할 수 있습니다.
	when button A pressed	
변수	빨간색 초록색 파란색	변수는 입력 값에 따라 변하는 수입니다. 변수 만들기에서 필요한 변수를 만들 수 있습니다. 이 프로젝트에서는 빛의 색과 밝기를 조절하기 위해 변수 "빨간색", "초록색", "파란색" 세 개가 필요합니다.
LED	set brightness to 30 %	사이버파이 LED의 밝기를 설정할 수 있습니다.
	LED 모든 displays R 255 G 0 B 0	사이버파이 LED에 표시할 색상 R, G, B를 각각 입력할 수 있습니다. ▼ 버튼을 클릭하면 1~5번 LED를 개별적으로 선택할 수 있습니다.
연산	A > 50 B	A의 값과 B의 값이 서로 크고 작은지 비교할 수 있습니다. A의 값이 더 크면 참(true) 값이 실행 됩니다.

03. 코드 작성 하기

 사이버파이가 켜졌을 때, 프로젝트를 위한 기본 설정이 되도록 블록 코딩합니다.

① when CyberPi starts up
② set brightness to 100 %
③ 빨간색을(를) 0 로(으로) 설정하기
   초록색을(를) 0 로(으로) 설정하기
   파란색을(를) 0 로(으로) 설정하기
④ 계속 반복하기
   LED 모든 displays R 빨간색 G 초록색 B 파란색

① 사이버파이가 켜졌을 때, ② ~ ④를 실행시킬 수 있도록 합니다.
② 사이버파이 LED 밝기를 설정합니다.
③ 밝기 조절을 위해 변수 "빨간색", "초록색", "파란색"을 만들고, 각 변수의 초기 값을 0으로 설정합니다.
④ LED의 RGB 값이 변수에 따라 바뀌도록 합니다.

 사이버파이의 조이스틱을 위로 밀었을 때, RGB LED 빨간색(RED) 값이 커지도록 블록 코딩합니다.

when joystick pulled ↑
① 빨간색을(를) 5 만큼 변경하기
② 만약 빨간색 > 255 이(가) 참이면
   빨간색을(를) 255 로(으로) 설정하기

① 0으로 설정되어 있던 "빨간색" 변수 값이 조이스틱을 위로 밀었을 때, 5씩 커지도록 "0"을 "5"로 바꿔줍니다.
② RGB LED가 가질 수 있는 최대 값은 255이므로 "빨간색" 변수 값이 255를 초과하면 255로 설정하도록 "0"을 "255"로 바꿔줍니다.

 **STEP 3** 사이버파이의 조이스틱을 아래로 당겼을 때, RGB LED 빨간색(RED) 값이 작아지도록 블록 코딩합니다.

① "빨간색" 변수 값이 조이스틱을 아래로 밀었을 때, 5씩 작아지도록 "0"을 "-5"로 바꿔줍니다.
② RGB LED가 가질 수 있는 최소 값은 0이므로 "빨간색" 변수 값이 0보다 작아지면 0으로 설정하도록 블록을 가져옵니다.

 **STEP 4** 사이버파이의 조이스틱을 오른쪽으로 밀었을 때, RGB LED 초록색(GREEN) 값이 커지도록 블록 코딩합니다.

① 0으로 설정되어 있던 "초록색" 변수 값이 조이스틱을 오른쪽으로 밀었을 때, 5씩 커지도록 "0"을 "5"로 바꿔줍니다.
② RGB LED가 가질 수 있는 최대 값은 255이므로 "초록색" 변수 값이 255를 초과하면 255로 설정하도록 "0"을 "255"로 바꿔줍니다.

03. 코드 작성 하기

STEP 5 사이버파이의 조이스틱을 왼쪽으로 밀었을 때, RGB LED 초록색(GREEN) 값이 작아지도록 블록 코딩합니다.

① "초록색" 변수 값이 조이스틱을 왼쪽으로 밀었을 때, 5씩 작아지도록 "0"을 "-5"로 바꿔줍니다.
② RGB LED가 가질 수 있는 최소 값은 0이므로 "초록색" 변수 값이 0보다 작아지면 0으로 설정하도록 블록을 가져옵니다.

STEP 6 사이버파이의 A 버튼을 눌렀을 때, RGB LED 파란색(BLUE) 값이 커지도록 블록 코딩합니다.

① 0으로 설정되어 있던 "파란색" 변수 값이 사이버파이의 A 버튼을 눌렀을 때, 5씩 커지도록 "0"을 "5"로 바꿔줍니다.
② RGB LED가 가질 수 있는 최대 값은 255이므로 "파란색" 변수 값이 255를 초과하면 255로 설정하도록 "0"을 "255"로 바꿔줍니다.

 **STEP 7** 사이버파이의 B 버튼을 눌렀을 때, RGB LED 파란색(BLUE) 값이 작아지도록 블록 코딩합니다.

① "파란색" 변수 값이 사이버파이의 B 버튼을 눌렀을 때, 5씩 작아지도록 "0"을 "-5"로 바꿔줍니다.

② RGB LED가 가질 수 있는 최소 값은 0이므로 "파란색" 변수 값이 0보다 작아지면 0으로 설정하도록 블록을 가져옵니다.

04. 완성 코드 확인하기

완성된 코드

05. 결과 확인하기

사이버파이를 C-type USB를 이용하여 업로드 모드로 연결합니다.
업로드를 클릭하고, 업로드가 완료되면 USB 케이블을 분리합니다.
조이스틱 및 버튼을 눌러보세요. 처음에는 LED가 꺼진 상태로 동작합니다.
조이스틱과 버튼을 누를 때마다 LED의 밝기와 색상이 변화하는지 확인해 보세요.

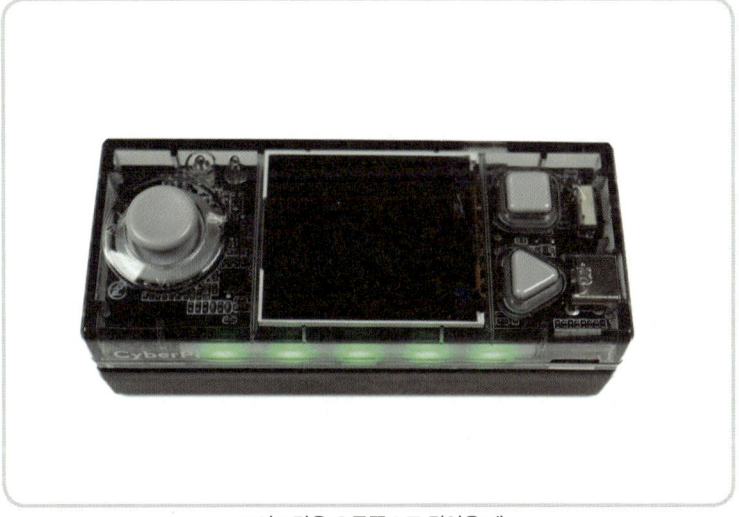

<조이스틱을 오른쪽으로 밀었을 때>

<A 버튼을 눌렀을 때>

02 Basic

CyberPi 블록 코딩
뮤직 박스

학습목표

1. 주파수에 따른 음계를 찾을 수 있습니다.

2. 사이버파이 버튼을 사용하여 만들어진 프로그램을 실행할 수 있습니다.

3. 음계 연주와 주파수 연주를 비교해 볼 수 있습니다.

01. 프로젝트 미리 보기

스피커는 소리를 재생시킬 수 있는 장치입니다. 사이버파이에서 소리의 정보를 담은 전기 신호를 스피커로 보내고, 스피커에서 전기 신호가 소리로 변환되어 출력되게 됩니다.

에디슨이 발명한 축음기부터 얇고 가벼운 필름형 스피커까지 재생 기술은 많은 발전을 해왔습니다.

이 장에서는 사이버파이에 내장된 스피커를 통해 <반짝반짝 작은 별> 동요를 재생할 수 있도록 학습해 봅시다.

사이버파이 스피커 알아보기

사이버파이 스피커는 기기의 우측 하단에 위치하고 있으며, 부저와 같이 주파수음 재생은 물론 녹음된 음성도 재생이 가능합니다.

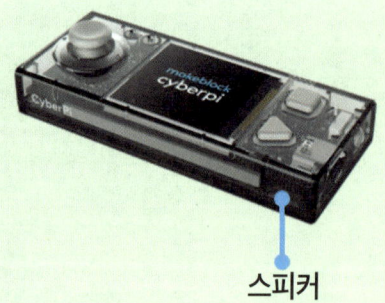

[그림2-1] 사이버파이 스피커 위치

음계에 따른 주파수 값

주파수 값을 입력하면 해당하는 음계를 출력할 수 있습니다.

	음계	주파수(Hz)	음계	주파수(Hz)	음계	주파수(Hz)
도(C)	C2	65	D4	294	E6	1319
레(D)	D2	73	E4	330	F6	1397
미(E)	E2	82	F4	349	G6	1568
파(F)	F2	87	G4	392	A6	1760
솔(G)	G2	98	A4	440	B6	1976
라(A)	A2	110	B4	494	C7	2093
시(B)	B2	123	C5	523	D7	2349
	C3	131	D5	587	E7	2637
	D3	147	E5	659	F7	2794
	E3	165	F5	698	G7	3136
	F3	175	G5	784	A7	3520
	G3	196	A5	880	B7	3951
	A3	220	B5	988	C8	4186
	B3	247	C6	1047	D8	4699
	C4	262	D6	1175		

02. 프로젝트 기초 학습 하기

오른쪽에 표2-1은(는) 음계를 표기할 때, 보편적으로 사용하는 알파벳입니다.
'도'인 'C'부터 '시'인 'B'까지 7개가 있습니다.
알파벳 뒤의 숫자는 옥타브(음높이)로 C4는 4옥타브의 '도'를 의미합니다.

| 도 = C |
| 레 = D |
| 미 = E |
| 파 = F |
| 솔 = G |
| 라 = A |
| 시 = B |

[표2-1]

사이버파이 스피커는 음계에 해당하는 숫자를 입력하여 소리를 쉽게 출력할 수 있습니다.
오른쪽 표2-2는 음계와 그에 해당하는 숫자입니다. 또한 프로젝트 미리보기에 제시된 옥타브에 따른 음계 주파수 값을 입력해서 소리를 낼 수도 있습니다.

※ 사이버파이 소리 값 숫자는 0~127사이의 정수를 입력하여 128개 소리를 낼 수 있습니다.(부록2-1참조)

| 60 = 도 |
| 62 = 레 |
| 64 = 미 |
| 65 = 파 |
| 67 = 솔 |
| 69 = 라 |
| 71 = 시 |

[표2-2]

아래 사진은 이번 프로젝트에 사용할 악보입니다.
표 2-2를 참조하여 각 계이름에 맞는 숫자를 찾아야 합니다.

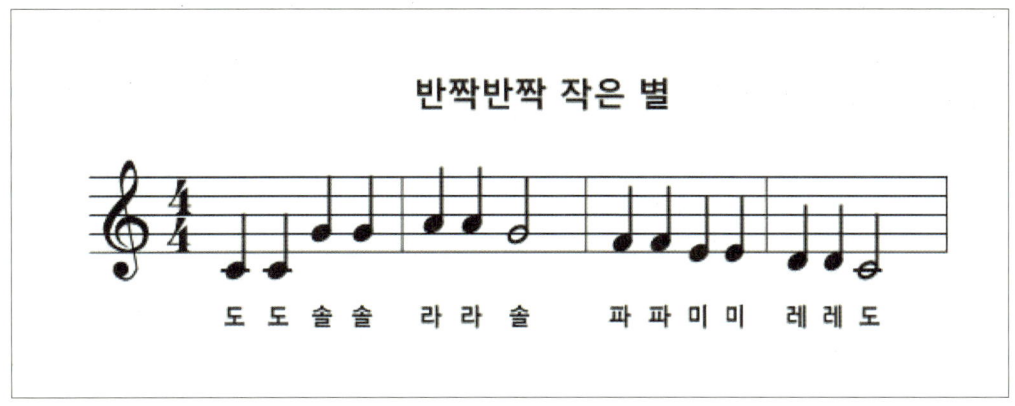

02. 프로젝트 기초 학습 하기

 중요블록 보기

블록 카테고리	블록 기능
Audio	set volume to 30 % 사이버파이 스피커 볼륨을 설정할 수 있습니다.
Audio	play note 60 for 0.25 beat 숫자를 입력하면 원하는 음계와 재생 시간을 설정할 수 있는 블록입니다. 앞쪽 괄호는 음계, 뒤쪽 괄호는 비트를 입력합니다. 앞쪽 괄호에 0~127 사이의 정수를 입력하면 미리 설정되어 있는 음계가 재생됩니다. ※ 설정된 128개 정수는 부록을 참조하세요. 　비트는 재생 시간을 의미하며, 1비트가 1초 입니다.
Audio	play sound at 700 Hz for 1 secs 주파수와 시간을 입력하여 소리를 재생하는 블록입니다. 앞쪽 괄호는 주파수, 뒤쪽 괄호는 재생 시간을 입력합니다. 사이버파이는 주파수 설정 범위를 20Hz~5000Hz로 제한하고 있습니다.

03. 코드 작성 하기

STEP 1 사이버파이 볼륨 설정을 코딩하겠습니다.

① 사이버파이 볼륨을 "50%"로 설정합니다.

STEP 2 음계 블록을 이용해 코딩해 보겠습니다.

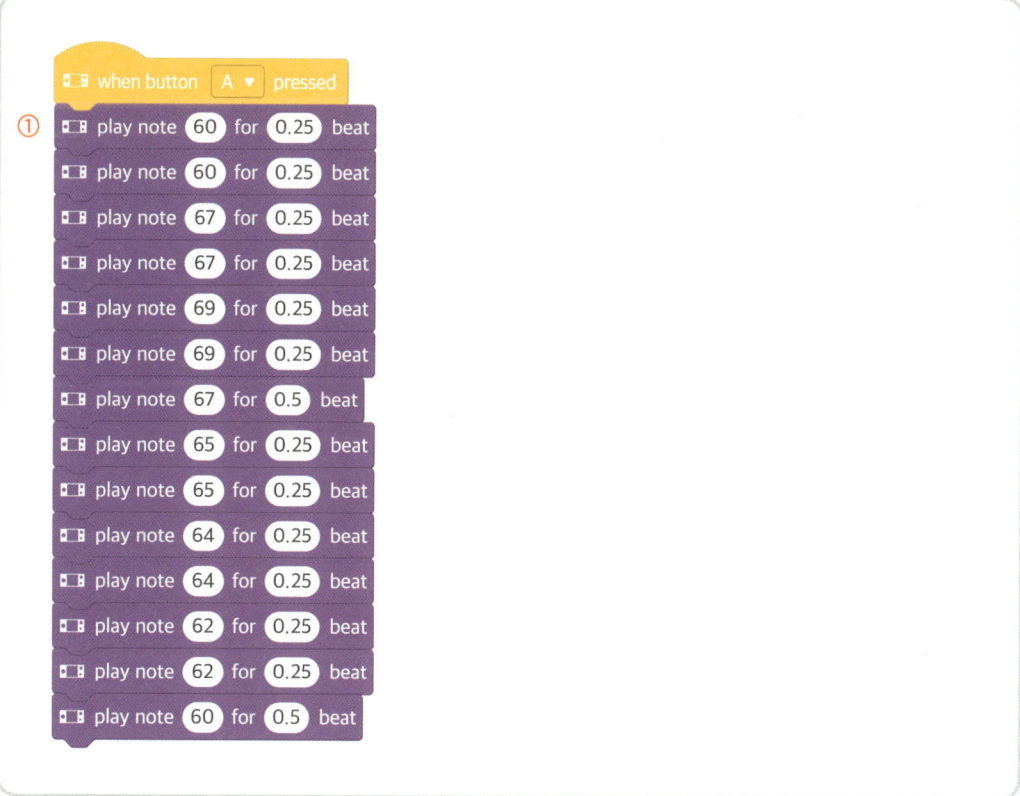

① 악보에 맞게 4옥타브 숫자 값을 입력해 줍니다.(4분음표 = 0.25 beat, 2분음표 = 0.5 beat)
 ※ 악보는 프로젝트 기초 학습 하기를 참조해 주세요.

03. 코드 작성 하기

 주파수 블록을 이용해 코딩해 보겠습니다.

```
when button B pressed
① play sound at 262 Hz for 0.25 secs
   play sound at 262 Hz for 0.25 secs
   play sound at 392 Hz for 0.25 secs
   play sound at 392 Hz for 0.25 secs
   play sound at 440 Hz for 0.25 secs
   play sound at 440 Hz for 0.25 secs
   play sound at 392 Hz for 0.5 secs
   play sound at 349 Hz for 0.25 secs
   play sound at 349 Hz for 0.25 secs
   play sound at 330 Hz for 0.25 secs
   play sound at 330 Hz for 0.25 secs
   play sound at 294 Hz for 0.25 secs
   play sound at 294 Hz for 0.25 secs
   play sound at 262 Hz for 0.5 secs
```

① 악보에 맞게 4옥타브 주파수 값을 입력해 줍니다.(4분음표 = 0.25초, 2분음표 = 0.5초)
  ※ 주파수는 프로젝트 기초 학습 하기를 참조해 주세요.

04. 완성 코드 확인하기

완성된 코드

①
- 클릭했을 때
- set volume to 50 %

②
- when button A pressed
- play note 60 for 0.25 beat
- play note 60 for 0.25 beat
- play note 67 for 0.25 beat
- play note 67 for 0.25 beat
- play note 69 for 0.25 beat
- play note 69 for 0.25 beat
- play note 67 for 0.5 beat
- play note 65 for 0.25 beat
- play note 65 for 0.25 beat
- play note 64 for 0.25 beat
- play note 64 for 0.25 beat
- play note 62 for 0.25 beat
- play note 62 for 0.25 beat
- play note 60 for 0.5 beat

③
- when button B pressed
- play sound at 262 Hz for 0.25 secs
- play sound at 262 Hz for 0.25 secs
- play sound at 392 Hz for 0.25 secs
- play sound at 392 Hz for 0.25 secs
- play sound at 440 Hz for 0.25 secs
- play sound at 440 Hz for 0.25 secs
- play sound at 392 Hz for 0.5 secs
- play sound at 349 Hz for 0.25 secs
- play sound at 349 Hz for 0.25 secs
- play sound at 330 Hz for 0.25 secs
- play sound at 330 Hz for 0.25 secs
- play sound at 294 Hz for 0.25 secs
- play sound at 294 Hz for 0.25 secs
- play sound at 262 Hz for 0.5 secs

05. 결과 확인하기

사이버파이를 C-type USB를 이용하여 라이브 모드로 연결합니다.
초록색 깃발을 클릭하고, A 버튼 또는 B 버튼을 눌러보세요.
A 버튼을 누르면 음계 블록으로 코딩한 노래가 재생되고, B 버튼을 누르면 주파수 블록으로 코딩한 노래가 재생됩니다.
각 버튼의 노래에서 차이점을 찾았나요?
음계에 해당하는 주파수 값을 입력했기 때문에 A 버튼을 눌렀을 때 재생되는 노래와 B 버튼을 눌렀을 때 재생되는 노래는 똑같습니다.

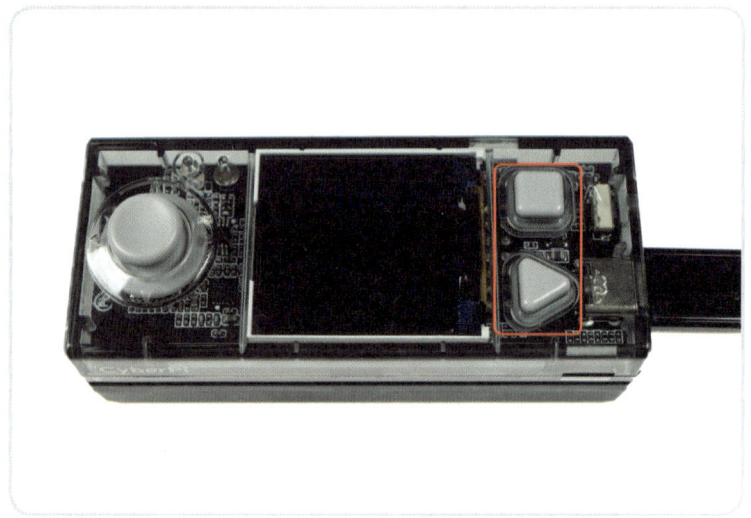

<사이버파이 두 버튼으로 노래 재생>

03 Basic
CyberPi 블록 코딩
이퀄라이저

학 습 목 표

1. 마이크에 대해 이해할 수 있습니다.

2. 막대 그래프로 음량의 크기를 표현할 수 있습니다.

01. 프로젝트 미리 보기

마이크란 공기 중의 파동인 음파(음향 에너지)를 전기적 신호로 바꾸기 위해 사용되는 음향 변화기를 말합니다. 최초의 실용적인 마이크는 '1876년, 에디슨'이 발명한 것으로 알려져 있습니다. 20세기에 들어와서는 방송이나 레코드 녹음을 위해, 반도체를 사용한 고성능 제품들이 상용화 되고 있습니다.

사이버파이 마이크는 왼쪽 상단에 내장되어 있습니다. 내장된 마이크를 통해 주변 음량을 측정하고, 음량의 크기에 따라 '1~100'의 숫자로 표기할 수 있습니다.

이번 프로젝트에서는 사이버파이 마이크를 통해 측정한 음량을 사이버파이 화면에 막대 그래프로 표현해 보겠습니다.

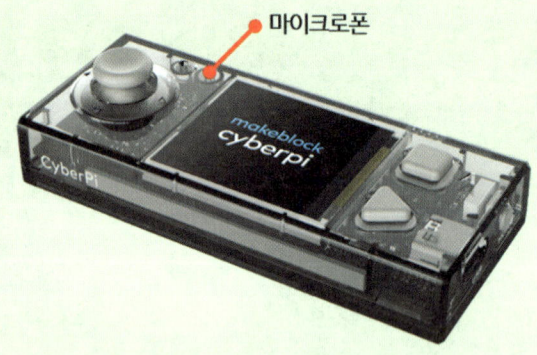

[그림3-1] 사이버파이 마이크 위치

02. 프로젝트 기초 학습 하기

중요블록 보기

블록 카테고리		블록 기능
화면	print makeblock and move to a newline	사이버파이 화면에 원하는 문구를 출력하고 줄바꿈을 합니다.
	bar chart, add data 50	막대 그래프의 크기를 0~100 설정할 수 있습니다.
LED	LED 모든 displays ●	사이버파이 LED의 색을 설정할 수 있는 블록입니다. ▼ 버튼을 클릭하면 1~5까지 색상을 각각 설정할 수 있습니다.
이벤트	메시지1 ▼ 을(를) 받았을 때 메시지1 ▼ 을(를) 보내기	메시지를 송·수신 할 수 있는 블록입니다.
관찰	음량	사이버파이의 마이크가 감지한 주변 소리 크기를 측정할 수 있는 블록입니다. 감지한 소리 크기를 0~100의 숫자로 나타냅니다.

03. 코드 작성 하기

 STEP 1   사이버파이가 켜졌을 때, 프로젝트를 위한 기본 설정이 되도록 블록 코딩합니다.

① 사이버파이 화면에 문구를 출력시킵니다.
② 문구와 문구 사이에 한 줄의 공백을 만들어 줍니다. 공백을 만들 때에는 (　)에 스페이스를 입력해 줍니다.
③ 1~5까지 LED 색상을 설정합니다.
④ 'A' 버튼을 누르면 메시지를 보내도록 설정합니다.

STEP 2   '주변 음량 측정 시작' 메시지를 받았을 때, 프로그램이 시작되도록 블록 코딩을 해보겠습니다.

① LED 밝기를 음량에 따라 달라지도록 합니다.
② 막대 그래프에 사용할 색을 1번 LED와 같은 색으로 설정합니다.
③ 막대 그래프 크기를 사이버파이가 측정한 음량으로 설정합니다.

04. 완성 코드 확인하기

완성된 코드

①
- when CyberPi starts up
- print 주변 음량을 측정합니다. and move to a newline
- print ( ) and move to a newline
- print A 버튼을 눌러 주세요. and move to a newline
- LED 1 displays 🔴
- LED 2 displays 🟣
- LED 3 displays 🔵
- LED 4 displays 🟢
- LED 5 displays 🟡
- button A pressed? 이(가) 참일 때까지 기다리기
- 주변 음량 측정 시작 을(를) 보내기

②
- 주변 음량 측정 시작 을(를) 받았을 때
- 계속 반복하기
  - set brightness to 음량 %
  - set brush color 🔴
  - bar chart, add data 음량
  - 0.02 초 기다리기
  - set brush color 🟣
  - bar chart, add data 음량
  - 0.02 초 기다리기
  - set brush color 🔵
  - bar chart, add data 음량
  - 0.02 초 기다리기
  - set brush color 🟢
  - bar chart, add data 음량
  - 0.02 초 기다리기
  - set brush color 🟡
  - bar chart, add data 음량
  - 0.02 초 기다리기

05. 결과 확인하기

사이버파이를 C-type USB를 이용하여 업로드 모드로 연결합니다.
업로드를 클릭하고, 업로드가 완료되면 USB 케이블을 분리합니다.
사이버파이가 켜지면 '주변 음량을 측정합니다.' 문구가 표시됩니다.
A 버튼을 누르고 옆에서 소음을 발생시키면 사이버파이 마이크를 통해 측정된 소음이 화면에 막대 그래프로 나타나는 것을 확인할 수 있습니다.

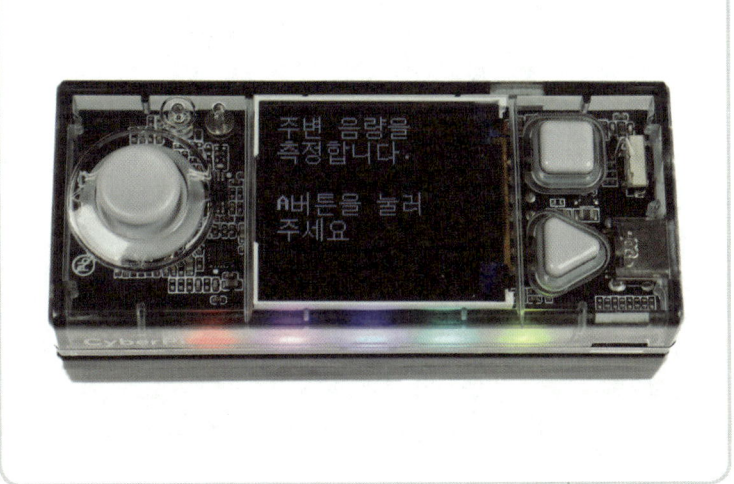

CyberPi 블록 코딩
녹음기 만들기

Basic

학습목표

1. 내장된 마이크센서와 스피커센서 위치를 확인하고 이를 활용할 수 있습니다.

2. 오디오를 녹음하고 재생하는 프로그램을 만들 수 있습니다.

01. 프로젝트 미리 보기

녹음기는 소리를 저장하고 재생시키는 기계입니다.

1877년 최초의 녹음으로 알려진 에디슨의 음성은 소리를 기계의 진동으로 바꾸고 이를 기록 장치에 홈을 파서 기록하는 방식이었습니다.
20세기 초 자기 테이프를 사용하는 테이프 녹음방식이 등장하면서 음악과 영화예술의 발전에 많은 영향을 주었고, 20세기 후반에는 아날로그 방식에서 디지털 방식으로 변화가 시작되고 다양한 소자가 개발되면서 현재는 SD카드, USB 등에 쉽게 소리를 저장하고 편집이 가능하며 다양한 기기에서 재생도 가능하게 되었습니다.

이번 장에서는 사이버파이를 통해 녹음기를 구현해 보겠습니다.

사이버파이 센서 위치

사이버파이에는 마이크와 스피커 센서가 부착되어 있습니다.
마이크 센서는 아래 사진과 같이 좌측 상단에 위치하고 있습니다.
스피커 센서는 우측 하단에 위치하고 있으며, 두 센서 모두 소리를 정확하게 입·출력할 수 있도록 케이스에 작은 틈이 있습니다.

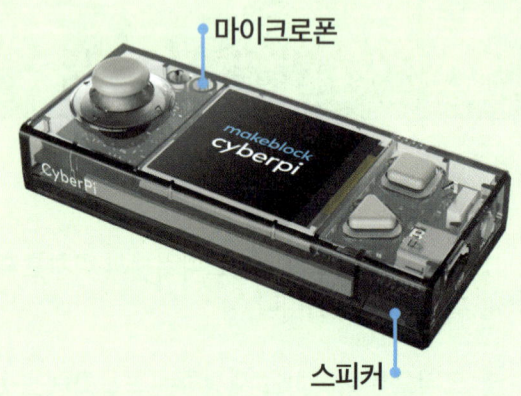

[그림4-1] 사이버파이 센서 위치

02. 프로젝트 기초 학습 하기

사이버파이 전면부에는 조이스틱과 A·B 버튼이 있습니다.

버튼을 사용하여 녹음기처럼 녹음과 녹음된 소리를 재생시키도록 제어할 수 있습니다.

[그림4-2] 사이버파이 조이스틱 & 버튼

중요블록 보기

블록 카테고리		블록 기능
Audio	start recording / 녹화 중단 / play recording until done	사이버파이에 오디오 녹음을 실행, 중지, 그리고 녹음된 오디오를 재생시킬 수 있는 블록입니다. ※ 사이버파이에 녹음은 한 번에 최대 10초까지 가능합니다.
	set audio speed to 100 %	오디오 재생속도를 설정할 수 있는 블록입니다.
	set volume to 30 %	오디오 재생볼륨을 설정할 수 있는 블록입니다.
화면	show label 1 makeblock at center of screen by 가운데 pixel	지정된 위치에 지정된 크기로 원하는 문구를 출력할 수 있는 블록입니다. 레이블을 이용하여 최대 8개의 텍스트를 표시할 수 있습니다.

03. 코드 작성 하기

STEP 1 사이버파이가 켜졌을 때, 프로젝트를 위한 기본 설정이 되도록 블록 코딩합니다.

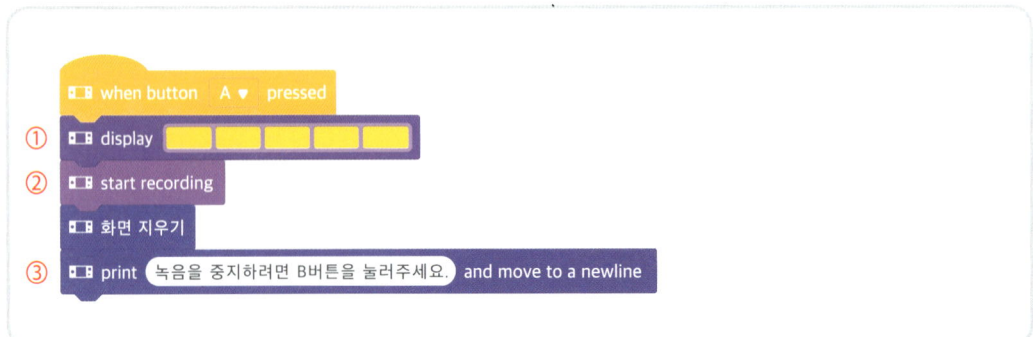

① 화면에 표시할 문구를 작성하고 위치와 크기를 설정합니다.
② 녹음 시작을 위한 안내 문구를 표시합니다.
③ 재생 볼륨과 재생 속도를 설정합니다.

STEP 2 사이버파이의 A 버튼을 눌렀을 때, 녹음이 시작되도록 블록 코딩합니다.

① 녹음 중 임을 알 수 있도록 LED를 설정합니다.
② 녹음을 시작합니다.
③ 녹음 정지버튼을 안내합니다.

STEP 3 사이버파이의 B 버튼을 눌렀을 때, 녹음이 중지되도록 블록 코딩합니다.

① 녹음 정지 임을 알 수 있도록 LED를 설정합니다.
② 녹음을 정지합니다.
③ 녹음 재생버튼을 안내합니다.

STEP 4 사이버파이의 조이스틱을 눌렀을 때, 녹음이 재생되도록 블록 코딩합니다.

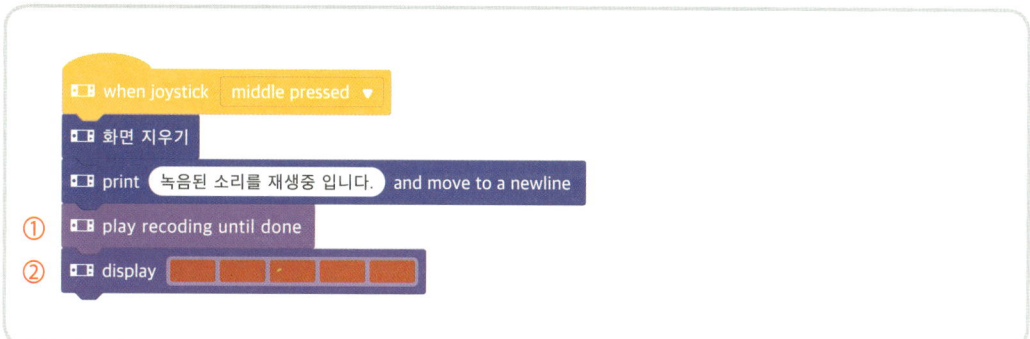

① 녹음된 소리를 끝까지 재생합니다.
② 재생이 끝나면 빨간색 LED로 알려줍니다.

04. 완성 코드 확인하기

완성된 코드

①
- when CyberPi starts up
- show label 1 [녹음기] at middle at top by big pixel
- show label 1 [녹음을 시작하려면 A 버튼을 눌러주세요] at center of screen by 가운데 pixel
- display ■■■■■ (파랑)
- set volume to 50 %
- set audio speed to 100 %

②
- when button A pressed
- display ■■■■■ (노랑)
- start recording
- 화면 지우기
- print [녹음을 중지하려면 B버튼을 눌러주세요.] and move to a newline

③
- when button B pressed
- display ■■■■■ (초록)
- 녹화 중단
- 화면 지우기
- print [녹음을 재생하려면 조이스틱 버튼을 눌러주세요.] and move to a newline

④
- when joystick middle pressed
- 화면 지우기
- print [녹음된 소리를 재생중 입니다.] and move to a newline
- play recoding until done
- display ■■■■■ (빨강)

05. 결과 확인하기

사이버파이를 C-type USB를 이용하여 업로드 모드로 연결합니다.
업로드를 클릭하고, 업로드가 완료되면 USB 케이블을 분리합니다.
A 버튼을 누르면 녹음이 시작되고, B 버튼을 누르면 녹음이 중지 됩니다.
조이스틱 가운데 버튼을 누르면 녹음된 오디오가 재생됩니다.

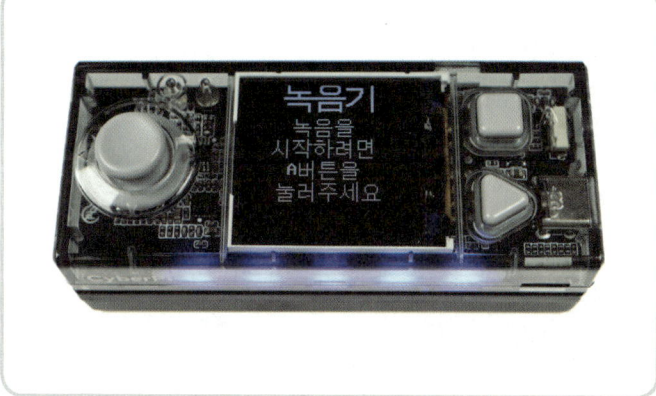

05 Basic

CyberPi 블록 코딩
스마트 녹음기

학 습 목 표

1. 앞장에서 구현한 녹음기에 추가할 수 있는 기능을 생각해 봅니다.

2. 조이스틱으로 재생 속도와 오디오 볼륨을 제어할 수 있습니다.

01. 프로젝트 미리 보기

앞장에서는 사이버파이에 내장된 마이크와 스피커를 활용하여 녹음기를 구현해 보았습니다.

이번 장에서는 앞장에 연속하여 스마트한 녹음기를 만들어 보겠습니다.

사이버파이는 녹음된 오디오를 재생할 때, 재생 속도와 오디오 볼륨을 설정할 수 있습니다. 재생 속도는 최소 25(%) 부터 최대 400(%)까지 설정할 수 있습니다. 오디오 볼륨은 최소 0(%) 부터 최대 100(%)까지 설정할 수 있습니다.

위와 같은 기능으로 조이스틱을 움직여 재생 속도와 오디오 볼륨을 제어하는 프로젝트를 구현해 보겠습니다.

중요블록 보기

블록 카테고리		블록 기능
이벤트	when joystick pulled↑	조이스틱 각 방향을 통해 사이버파이를 실행할 수 있는 블록입니다. ▼ 버튼을 클릭하면 조이스틱 방향을 선택할 수 있습니다.
Audio	increase audio speed by 10 %	오디오 재생속도를 증감시킬 수 있는 블록입니다.
	increase volume by 10 %	오디오 소리크기를 증감시킬 수 있는 블록입니다.

02. 코드 작성 하기

 **STEP 1** 사이버파이의 조이스틱을 위로 밀었을 때, 재생속도가 빨라지도록 블록 코딩합니다.

① 켜져있던 LED를 모두 끕니다.
② 오디오 재생속도를 '10'(%)씩 증가시킵니다. 최대 '400'(%)까지 증가시킬 수 있습니다.
③ 화면에 현재 재생속도를 표시합니다.
④ 가독성을 위해 한 줄의 공백을 만들어 줍니다. 공백을 만들 때에는 (　)에 스페이스를 입력해 줍니다.

 **STEP 2** 사이버파이의 조이스틱을 아래로 당겼을 때, 재생속도가 느려지도록 블록 코딩합니다.

① 오디오 재생속도를 '10'(%)씩 감소시킵니다. 최소 '25'(%)까지 감소시킬 수 있습니다.
② 화면에 현재 재생속도를 표시하고, 한 줄의 공백을 만들어 줍니다.

02. 코드 작성 하기

STEP 3 사이버파이의 조이스틱을 오른쪽으로 밀었을 때, 소리크기가 커지도록 블록 코딩합니다.

```
when joystick pulled→
 turn off LED 모든
① increase volume by 10 %
② print 소리크기: 와(과) volume(%) 을(를) 결합한 문자열 and move to a newline
 print   and move to a newline
```

① 오디오 소리크기를 '10'(%)씩 증가시킵니다. 최대 '100'(%)까지 증가시킬 수 있습니다.
② 화면에 현재 소리크기를 표시합니다.

STEP 4 사이버파이의 조이스틱을 왼쪽으로 밀었을 때, 소리크기가 작아지도록 블록 코딩합니다.

```
when joystick pulled←
 turn off LED 모든
① increase volume by -10 %
② print 소리크기: 와(과) volume(%) 을(를) 결합한 문자열 and move to a newline
 print   and move to a newline
```

① 오디오 소리크기를 '10'(%)씩 감소시킵니다. 최소 '0'(%)까지 감소시킬 수 있습니다.
② 화면에 현재 소리크기를 표시합니다.

03. 완성 코드 확인하기

완성된 코드

①
- when joystick pulled↑
- turn off LED 모든
- increase audio speed by 10 %
- print [재생속도:] 와(과) [audio speed] 을(를) 결합한 문자열 and move to a newline
- print ( ) and move to a newline

②
- when joystick pulled↓
- turn off LED 모든
- increase audio speed by -10 %
- print [재생속도:] 와(과) [audio speed] 을(를) 결합한 문자열 and move to a newline
- print ( ) and move to a newline

③
- when joystick pulled→
- turn off LED 모든
- increase volume by 10 %
- print [소리크기:] 와(과) [volume(%)] 을(를) 결합한 문자열 and move to a newline
- print ( ) and move to a newline

④
- when joystick pulled←
- turn off LED 모든
- increase volume by -10 %
- print [소리크기:] 와(과) [volume(%)] 을(를) 결합한 문자열 and move to a newline
- print ( ) and move to a newline

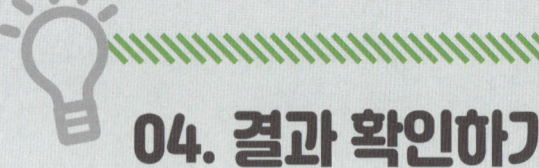

04. 결과 확인하기

사이버파이를 C-type USB를 이용하여 업로드 모드로 연결합니다.
업로드를 클릭하고, 업로드가 완료되면 USB 케이블을 분리합니다.
조이스틱을 위, 아래로 움직이면 재생속도를 조절할 수 있고, 조이스틱을 좌, 우로 움직이면 소리크기를 조절할 수 있습니다.

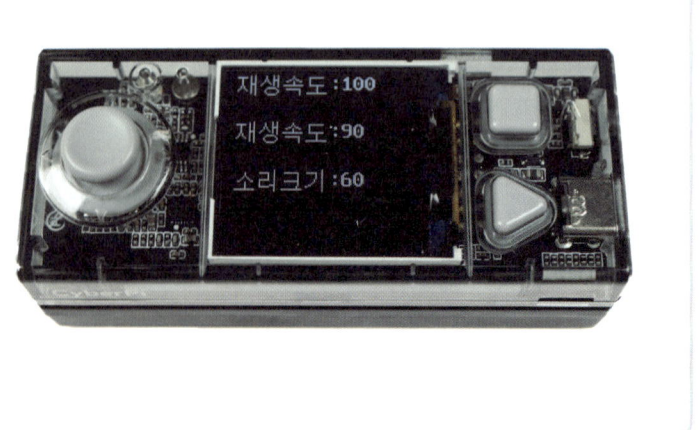

CyberPi 블록 코딩
06 조이스틱 활용 텍스트 전환

Basic

학 습 목 표

1. 사이버파이의 조이스틱에 대해 이해할 수 있습니다.

2. 사이버파이 화면을 원하는 방향으로 전환 시킬 수 있습니다.

01. 프로젝트 미리 보기

조이스틱은 화면 위에서 점을 원하는 방향으로 이동하는데 쓰는 입력 장치입니다. 조이스틱은 최초에 항공기의 보조날개와 승강타를 조종하기 위한 기계 장치로 개발되었지만, 우리들에겐 게임 컨트롤러로 더 익숙하게 다가와 있습니다.

현재 조이스틱은 아날로그 조이스틱과 디지털 조이스틱으로 나눌 수 있습니다.
또한 봉의 형태, 버튼 형태 등의 다양한 모양의 조이스틱이 있습니다.
사이버파이에도 위, 아래, 좌, 우, 가운데 5가지 방향으로 제어할 수 있는 조이스틱이 있습니다.

사이버파이에는 모션 센서(자이로스코프와 가속도계)가 내장되어 있습니다. 자이로스코프 및 가속도계는 사이버파이 아래쪽에 위치하고 있으며, 사이버파이의 움직임, 가속, 진동을 감지할 때 사용됩니다.

이 장에서는 사이버파이에 내장된 조이스틱과 모션 센서를 통해 사이버파이 움직임에 따라 화면에 텍스트가 움직이고, 조이스틱을 조작해 사이버파이 화면에 텍스트 위치를 전환시켜보도록 하겠습니다.

[그림6-1] 조이스틱 모듈

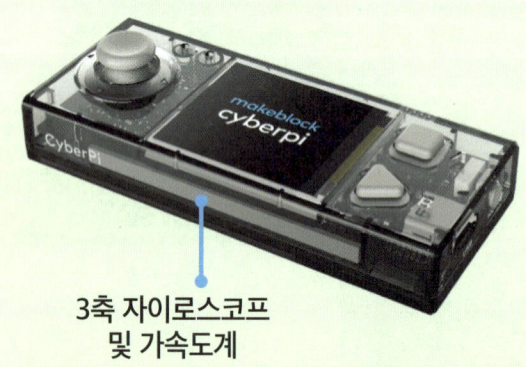

3축 자이로스코프 및 가속도계

[그림6-2] 사이버파이 모션 센서

02. 프로젝트 기초 학습 하기

사이버파이의 LCD창은 문자, 이미지, 센서값 등을 표시할 수 있으며, 크기는 128 x 128 픽셀의 Full color로 좌측 상단이 (0, 0)이고 오른쪽 아래가 (128, 128)입니다.

중요블록 보기

블록 카테고리		블록 기능
Motion Sensing	tilted left ▼ angle (°)	지정된 방향으로 기울어진 각도를 알 수 있는 블록입니다. ▼ 클릭하면 여섯가지 지정된 방향을 선택할 수 있습니다.
화면	screen towards upside-down(-90°) ▼	화면을 지정된 표시 방향으로 설정할 수 있는 블록입니다. ▼ 클릭하면 네가지 지정된 방향을 선택할 수 있습니다.
변수	제목	"제목"이란 이름으로 문자를 저장할 변수를 만듭니다.

03. 코드 작성 하기

 사이버파이가 켜졌을 때, 프로젝트를 위한 기본 설정이 되도록 블록 코딩합니다.

① 화면에 표시되는 글자 색상을 무작위로 설정합니다.
② 제목 변수의 위치(x:40, y:50)를 설정합니다.
　사이버파이의 왼쪽 기울어짐 정도에 따라 문자가 좌, 우로 움직입니다.
　사이버파이의 앞으로 기울기 정도에 따라 문자가 위, 아래로 움직입니다.

 사이버파이의 조이스틱을 움직였을 때, 화면을 지정된 표시방향으로 바뀌도록 블록 코딩합니다.

① 화면을 정방향으로 표시합니다.
② 화면을 역방향으로 표시합니다.
③ 화면을 왼쪽 방향으로 표시합니다.
④ 화면을 오른쪽 방향으로 표시합니다.

STEP 3 LCD창에 표시 될 문자를 "제목" 변수에 저장합니다.

① "제목" 변수에 저장되는 텍스트가 2초마다 바뀌도록 설정합니다.

04. 완성 코드 확인하기

완성된 코드

①
```
when CyberPi starts up
계속 반복하기
  set brush color to R (1 부터 255 사이 임의의 수) G (1 부터 255 사이 임의의 수) B (1 부터 255 사이 임의의 수)
  show label 1 ▼ 제목 at x: 40 - (tilted left ▼ angle (°)) y 50 - (tilted forward ▼ angle (°)) by 가운데 ▼ pixel
```

②
```
when joystick pulled↑ ▼
screen towards default(90°) ▼

when joystick pulled↓ ▼
screen towards upside-down(-90°) ▼

when joystick pulled← ▼
screen towards left(0°) ▼

when joystick pulled→ ▼
screen towards right(180°) ▼
```

③
```
when CyberPi starts up
계속 반복하기
  제목 ▼ 을(를) Coding 로(으로) 설정하기
  2 초 기다리기
  제목 ▼ 을(를) Maker 로(으로) 설정하기
  2 초 기다리기
  제목 ▼ 을(를) Cyberpi 로(으로) 설정하기
  2 초 기다리기
  제목 ▼ 을(를) Python 로(으로) 설정하기
  2 초 기다리기
```

50　인공지능 파이썬&블록코딩

05. 결과 확인하기

사이버파이를 C-type USB를 이용하여 업로드 모드로 연결합니다.
업로드를 클릭하고, 업로드가 완료되면 USB 케이블을 분리합니다.
사이버파이가 켜지면 2초 간격으로 변경되는 글자가 화면에 나타납니다.
조이스틱을 상, 하, 좌, 우로 움직이면 텍스트의 표시 방향이 바뀌고, 사이버파이의
기울기에 따라 글자가 이동합니다.

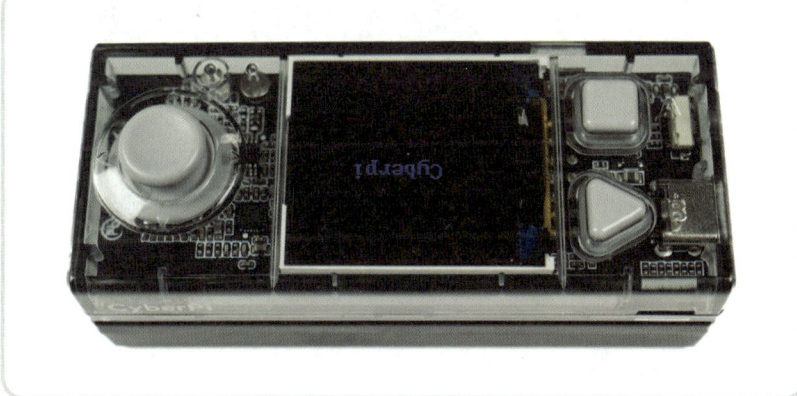

07 Basic

CyberPi 블록 코딩
스톱워치

학 습 목 표

1. 버튼을 조작해 프로그램을 실행, 정지 시킬 수 있습니다.

2. 사이버파이의 기능을 활용해 간단한 타이머를 구현할 수 있습니다.

01. 프로젝트 미리 보기

스톱워치는 어떤 상황의 소요시간을 측정하는 용도의 시계입니다.

1개의 바늘을 마음대로 시동·정지시켜서 여러 가지 활동의 소요 시간이나 시간적 기록을 초 이하의 단위로 정밀하게 측정합니다. 전자식 또는 기계식 초시계가 있으며, 우리에게는 스포츠 기록을 측정할 때 사용하는 물건으로 흔하게 인식되어 있습니다. 스포츠에 사용되는 최초의 타이머는 디지털타이머였으며, 1971년에 개발되었습니다.

요즘은 스톱워치 시계를 따로 보유하지 않아도 스톱워치 기능을 할 수 있는 물건이 많이 있습니다. 대표적으로 스마트폰, 노트북, 전자시계 등이 있습니다. 사이버파이도 내장된 기능을 활용해 시간을 1/1000초까지 측정할 수 있습니다. 이번 장에서는 사이버파이를 활용해 스톱워치를 구현해 보도록 하겠습니다.

[그림7-1] 스톱워치

02. 프로젝트 기초 학습 하기

 중요블록 보기

블록 카테고리		블록 기능
관찰	타이머 (초)	타이머가 측정한 값을 확인할 수 있는 블록입니다. ※ 사이버파이는 1/1000초까지 측정가능합니다.
	타이머 초기화	타이머를 0으로 초기화 합니다.
	button A ▼ pressed?	조건문에 사용되며, 버튼이 눌려졌는지를 판단하는 블록입니다. ▼ 버튼을 클릭하면 버튼 B를 선택할 수 있습니다.
제어	이(가) 참일 때까지 반복하기	괄호 안에 조건문이 달성될 때까지 반복 실행을 시킬 수 있는 블록입니다.

03. 코드 작성 하기

 사이버파이가 켜졌을 때, 프로젝트를 위한 기본 설정이 되도록 블록 코딩합니다.

```
when CyberPi starts up
① 화면 지우기
② print 타이머 시작 A버튼 and move to a newline
③ print       and move to a newline
④ print 타이머 종료 B버튼 and move to a newline
```

① 사이버파이 화면에 표시되어 있는 내용을 지웁니다.
② A버튼에 대한 설명을 화면에 표시합니다.
③ 가독성을 위해 한 줄의 공백을 만들어 줍니다.
④ B버튼에 대한 설명을 화면에 표시합니다.

 A 버튼을 눌렀을 때, 타이머가 실행되도록 블록 코딩합니다.

```
when button A pressed
① 화면 지우기
② 타이머 초기화
③ button B pressed? 이(가) 참일 때까지 반복하기
④ show label 1 ▼ 타이머(초) 와(과) 초 을(를) 결합한 문자열 at center of screen ▼ by 가운데 ▼ pixel
```

① A, B버튼에 대한 설명을 지워줍니다.
② 타이머를 초기화 시킵니다. 타이머는 사이버파이의 전원이 켜지면 무조건 작동하기 때문에 0부터 측정하기 위해서는 타이머를 초기화 시키고 측정합니다.
③ B 버튼을 누를 때까지 타이머가 측정되도록 합니다.
④ 측정되고 있는 시간을 사이버파이 화면에 표시합니다.

04. 완성 코드 확인하기

 완성된 코드

①
- when CyberPi starts up
- 화면 지우기
- print 타이머 시작 A버튼 and move to a newline
- print ◯ and move to a newline
- print 타이머 종료 B버튼 and move to a newline

②
- when button A pressed
- 화면 지우기
- 타이머 초기화
- button B pressed? 이(가) 참일 때까지 반복하기
  - show label 1 ▼ 타이머 (초) 와(과) 초 을(를) 결합한 문자열 at center of screen ▼ by 가운데 ▼ pixel

05. 결과 확인하기

사이버파이를 C-type USB를 이용하여 업로드 모드로 연결합니다.
업로드를 클릭하고, 업로드가 완료되면 USB 케이블을 분리합니다.
사이버파이가 켜지면 A, B 버튼에 대한 문구가 표시됩니다.
A 버튼을 누르면 타이머가 진행되고, B 버튼을 누르면 타이머가 정지됩니다.

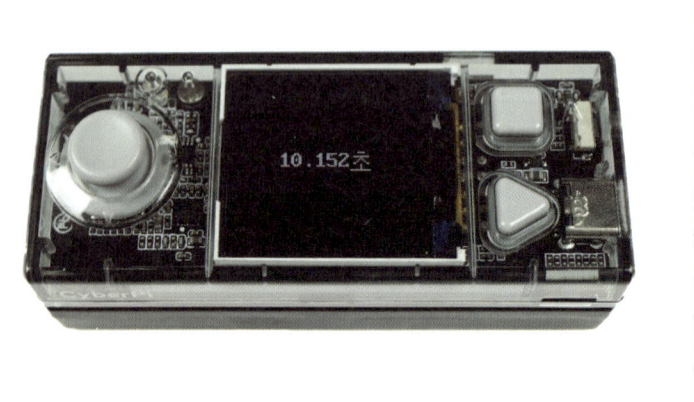

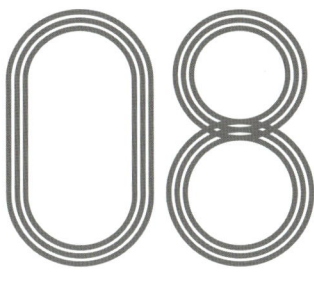

08 Basic

CyberPi 블록 코딩
스마트 걷기

학 습 목 표

1. 사이버파이의 모션 센서에 대해 이해할 수 있습니다.

2. 사이버파이의 기울어진 각도를 계산하여 걸음걸이 횟수를 측정할 수 있습니다.

01. 프로젝트 미리 보기

걷기 운동은 특별한 장비나 경제적인 투자 없이도 할 수 있는 가장 안전한 유산소 운동입니다. 걷기 운동을 지속적이고 규칙적으로 반복하게 되면 심폐 기능이 향상되고 혈액순환이 촉진되는 등 우리 건강에 큰 도움이 됩니다.

이번 장에서는 건강을 증진시키는 걷기 운동을 조금 더 재미있게 할 수 있도록 사이버파이의 모션 센서를 활용하여 만보기를 구현해 보겠습니다.

 사이버파이 모션 센서

사이버파이에는 모션 센서가 내장되어 있습니다.
3축 자이로스코프 및 가속도계는 사이버파이 아래쪽에 위치하고 있으며, 사이버파이의 움직임, 가속, 진동을 감지할 때 사용됩니다.
사이버파이의 기울어진 각도를 측정하고, 측정된 값을 표시할 수 있습니다.

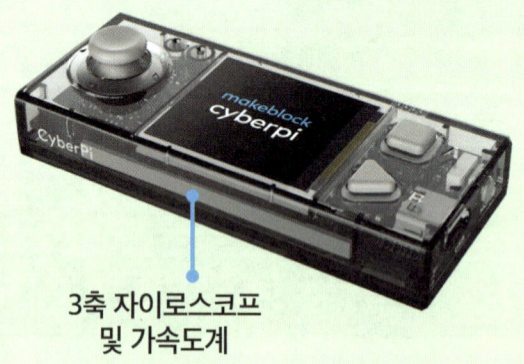

[그림8-1] 사이버파이 모션 센서

02. 프로젝트 기초 학습 하기

중요블록 보기

블록 카테고리		블록 기능
화면	`screen towards upside-down(-90°)`	화면을 지정된 표시 방향으로 설정할 수 있는 블록입니다. ▼ 클릭하면 네가지 지정된 방향을 선택할 수 있습니다.
Motion Sensing	`tilted left angle (°)`	지정된 방향으로 기울어진 각도를 알 수 있는 블록입니다. ▼ 클릭하면 여섯가지 지정된 방향을 선택할 수 있습니다.
연산	`< 50`	값이 서로 크고 작은지 비교할 수 있는 블록입니다.
변수	`걷기`	걸음 수 값을 저장할 변수를 만들어 줍니다.

CyberPi 블록 코딩

03. 코드 작성 하기

STEP 1 사이버파이가 켜졌을 때, 화면에 걸음 수가 표시되도록 블록 코딩합니다.

① 사이버파이 화면에 표시된 내용이 있다면 내용을 지웁니다.
② 사이버파이의 조이스틱 부분이 위로 향하도록 한 손에 쥐고 걸으며 측정할 수 있도록 화면을 설정합니다.
③ 변수 '걷기'를 만들고 0으로 설정합니다.
④ 사이버파이 화면에 걸음 수가 표시되도록 합니다.

STEP 2 사이버파이가 켜졌을 때, 걸음의 각도를 블록 코딩합니다.

① 팔이 뒤로 갔다가 앞으로 오는 각도로 설정합니다.
② 설정한 각도에 맞게 사이버파이가 움직이면 '걷기' 변수를 '1' 증가시킵니다.

STEP 3 A 버튼을 눌렀을 때, 측정한 값이 초기화 되도록 블록 코딩합니다.

① A버튼을 누르면 측정한 값을 초기화 시킵니다.

04. 완성 코드 확인하기

완성된 코드

①
```
when CyberPi starts up
  화면 지우기
  screen towards  left(0°)
  걸기 을(를) 0 로(으로) 설정하기
  계속 반복하기
    show label 1  [걸음: 와(과) 걷기 을(를) 결합한 문자열]  at  center of screen  by  가운데  pixel
```

②
```
when CyberPi starts up
  계속 반복하기
    90 < tilted left angle (°)  이(가) 참일 때까지 기다리기
    tilted left angle (°) < 50  이(가) 참일 때까지 기다리기
    걷기 을(를) 1 만큼 변경하기
```

③
```
when button A pressed
  걷기 을(를) 0 로(으로) 설정하기
```

05. 결과 확인하기

사이버파이를 C-type USB를 이용하여 업로드 모드로 연결합니다.
업로드를 클릭하고, 업로드가 완료되면 USB 케이블을 분리합니다.
사이버파이를 손에 쥐고 걸으면 팔의 흔들림 각도에 따라 걸음 수가 1씩 증가합니다.

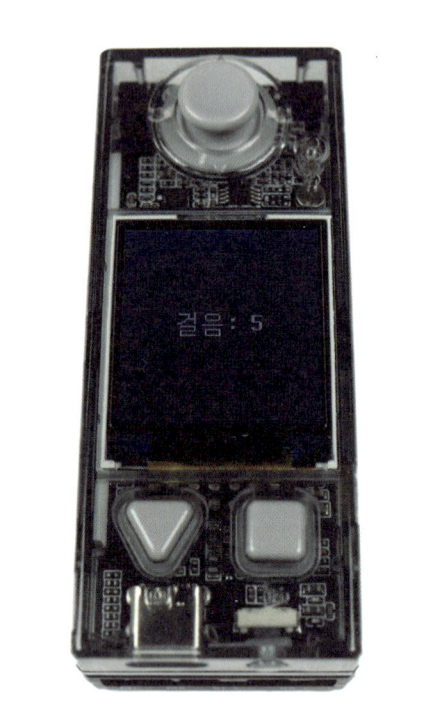

Basic

CyberPi 블록 코딩
게임 컨트롤러

학 습 목 표

1. 사이버파이의 모션에 따라 스프라이트를 제어할 수 있습니다.

2. 펜 기능을 이용하여 사이버파이의 기울어진 각도에 따라 그림을 그릴 수 있습니다.

01. 프로젝트 미리 보기

사이버파이는 다양한 컨트롤러를 제공합니다. 기본적으로 조이스틱 레버와 버튼을 사용하여 스프라이트를 움직이거나 형태를 제어할 수 있습니다.

또한 사이버파이 자체가 컨트롤러의 역할도 할 수 있습니다. 자이로센서의 기울기 각도와 가속도계로 스프라이트를 제어할 수 있습니다.

이번 장에서는 사이버파이로 스프라이트의 움직임을 직접 조종하여 과일을 없애는 게임 컨트롤러를 구현해 보겠습니다.

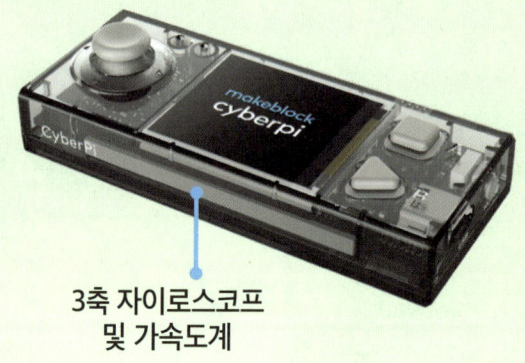

3축 자이로스코프 및 가속도계

[그림9-1] 사이버파이 모션 센서

02. 프로젝트 기초 학습 하기

 중요블록 보기

블록 카테고리		블록 기능
Motion Sensing	control Ball ▼ to follow CyberPi with sensitivity low(0.2) ▼	지정된 감도로 지정된 스프라이트가 사이버파이 움직임을 따르도록 합니다. ▼ 클릭하면 스프라이트와 감도를 선택할 수 있습니다.
펜	펜 내리기	스프라이트에서 사용하는 블록입니다. 펜을 내려 그림을 그릴 수 있습니다. [확장]을 클릭해 [펜]을 추가해야 사용할 수 있습니다.
관찰	마우스 포인터 ▼ 에 닿았나요?	스프라이트에서 사용하는 블록입니다. 공이 과일에 닿았는지 판단할 때 사용하는 블록입니다.
변수	점수	게임의 점수 값을 저장하기 위한 변수를 만들어 줍니다.

02. Ball, Apple1 스프라이트 만들기

기존 스프라이트를 삭제하고, 추가 버튼을 눌러 'ball'를 추가합니다. 추가 버튼을 한 번 더 누르고 'apple1'을 추가합니다.

[스프라이트] 'Apple1'을 클릭하고 모양을 클릭해 'Banana', 'Blueberry2', 'Carrot1', 'Cherry'를 모양 추가합니다.

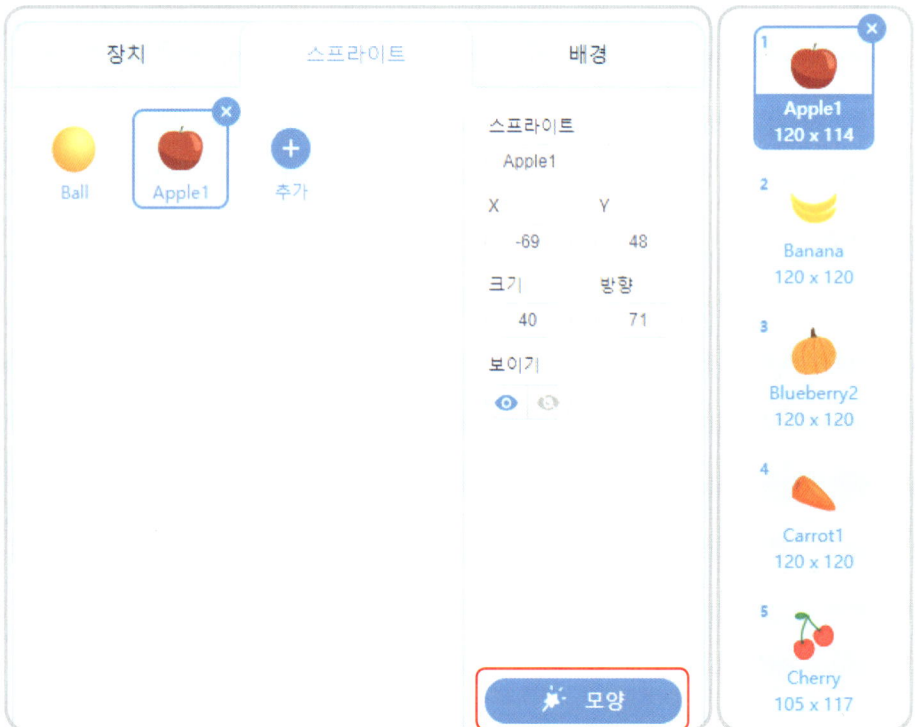

02. 배경, 확장 추가하기

[배경] 탭에서 [+]를 눌러 'forest5'를 추가합니다.

블록 카테고리 아래에 [확장]을 클릭하고 [확장 센터]에 접속합니다.
[확장 센터] - [스프라이트 확장] - [펜]을 추가해줍니다.

03. 코드 작성 하기

 [스프라이트] - [Ball]을 블록 코딩하겠습니다.
스프라이트 'Ball'이 움직이면 선이 그려지도록 합니다.

① 스프라이트 'Ball' 크기를 정해줍니다.
② 변수 '점수'를 0으로 설정합니다.
③ 무대에 그림을 그리기 위해 펜 색을 설정합니다.
④ 타이머는 mBlock 시작과 함께 동작합니다. 그래서 타이머를 사용할 때 '0'으로 초기화하여 사용합니다.
⑤ 무대에 그려지는 초기 펜 굵기를 정해줍니다.
⑥ 타이머가 1보다 클 때까지 펜의 굵기를 1씩 증가시킵니다.

STEP 1 [스프라이트] - [Ball]을 블록 코딩하겠습니다.
스프라이트 'Ball'이 'Apple1'에 닿았을 때와 다시 시작할 때를 설정합니다.

① 'Apple1' 스프라이트에 닿았는지를 확인하도록 합니다.
② 스프라이트가 닿으면 '터치' 메시지를 보냅니다.
③ 효과음을 설정합니다.
④ 스프라이트에 닿으면 '점수'를 1점 올려줍니다.
⑤ 스프라이트 'Ball'의 위치를 설정합니다.
⑥ '점수'를 0점으로 초기화 시킵니다.

03. 코드 작성 하기

 [스프라이트] - [Apple1]을 블록 코딩하겠습니다.
스프라이트 'Apple1'의 움직임을 설정합니다.

① 'Apple1' 스프라이트 크기를 정해줍니다.
② 'Apple1'을 보이도록 합니다.
③ 'Apple1' 스프라이트가 무대 아래쪽 불특정 지역에서 움직이도록 합니다.
④ 효과음을 재생시킵니다.
⑤ ③의 좌표에서 ⑤의 좌표로 0.5~2초 사이의 불특정 시간 동안 이동 후, 0.5~1초 사이의 불특정 시간 동안 무대 화면 아래쪽으로 사라집니다.
⑥ 'Apple1' 스프라이트를 숨기고, 미리 설정한 다음 모양으로 바꿉니다.

 **STEP 2** [스프라이트] - [Apple1]을 블록 코딩하겠습니다.
스프라이트 'Apple1'의 움직임을 설정합니다.

① ▶ 클릭했을 때
   계속 반복하기
   ↻ 방향으로 15 도 돌기

② 터치 ▼ 을(를) 받았을 때
   닿았다!! 을(를) 1.5 초 동안 말하기

① 'Apple1' 스프라이트가 회전하도록 설정합니다.
② 'Apple1' 스프라이트에 'Ball' 스프라이트가 닿으면 말을 합니다.

03. 코드 작성 하기

 [장치] - [사이버파이]를 블록 코딩하겠습니다.
사이버파이 움직임과 버튼을 설정합니다.

① 클릭했을 때
  계속 반복하기
    control Ball ▼ to follow CyberPi with sensitivity low(0.2) ▼

② when joystick middle pressed ▼
  다시 시작하기 ▼ 을(를) 보내기

① 사이버파이를 움직이면 'Ball' 스프라이트가 무대에서 사이버파이의 움직임에 따라 움직이도록 설정합니다.
② 조이스틱 가운데 버튼을 누르면 "다시 시작하기"를 방송합니다.

04. 완성 코드 확인하기

완성된 코드

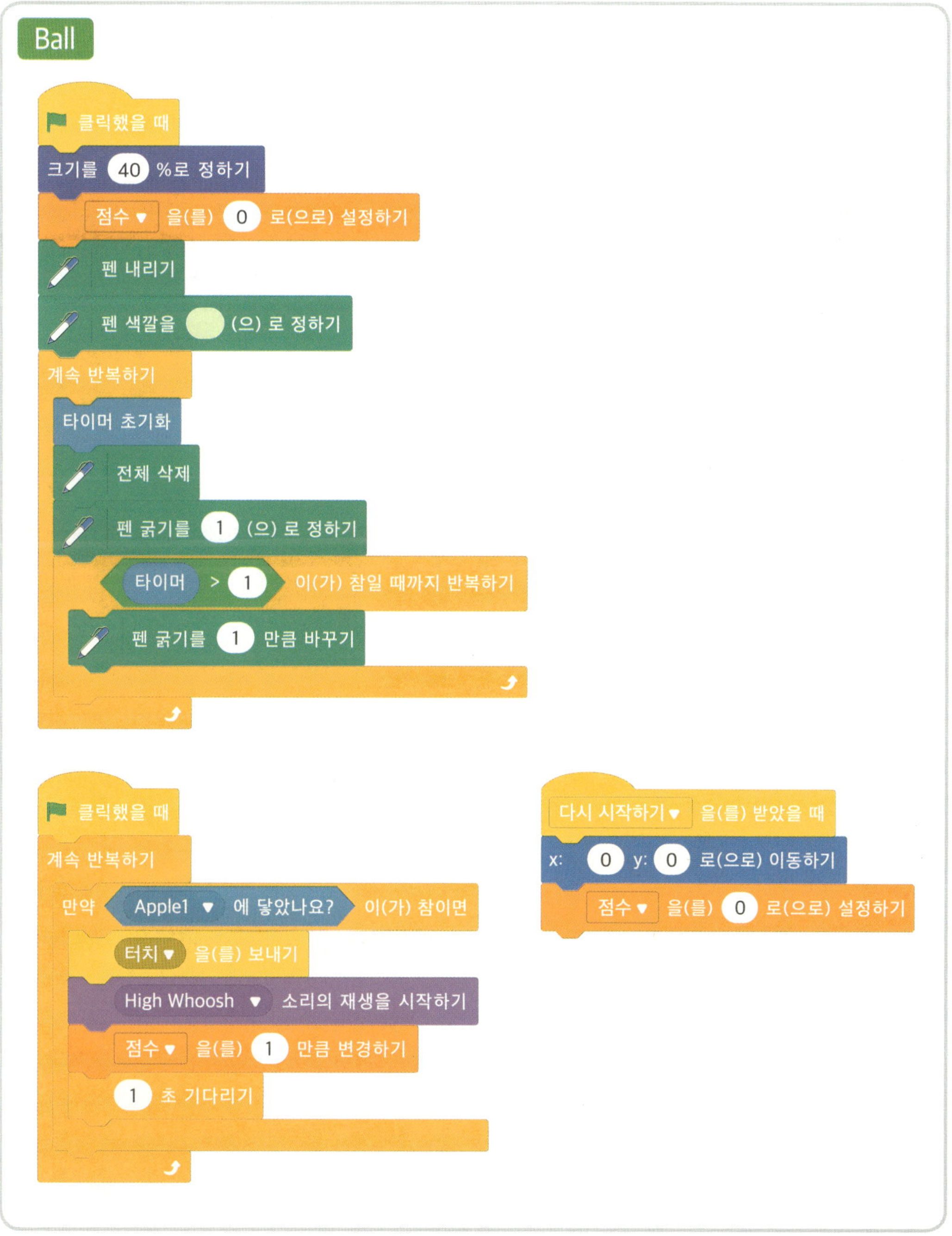

Ball

▶ 클릭했을 때
크기를 40 %로 정하기
점수 ▼ 을(를) 0 로(으로) 설정하기
펜 내리기
펜 색깔을 (으)로 정하기
계속 반복하기
　타이머 초기화
　전체 삭제
　펜 굵기를 1 (으)로 정하기
　타이머 > 1 이(가) 참일 때까지 반복하기
　　펜 굵기를 1 만큼 바꾸기

▶ 클릭했을 때
계속 반복하기
　만약 Apple1 ▼ 에 닿았나요? 이(가) 참이면
　　터치 ▼ 을(를) 보내기
　　High Whoosh ▼ 소리의 재생을 시작하기
　　점수 ▼ 을(를) 1 만큼 변경하기
　　1 초 기다리기

다시 시작하기 ▼ 을(를) 받았을 때
x: 0 y: 0 로(으로) 이동하기
점수 ▼ 을(를) 0 로(으로) 설정하기

04. 완성 코드 확인하기

Apple1

- ▶ 클릭했을 때
- 크기를 40 % 로 정하기
- 계속 반복하기
  - 보이기
  - x: -128 부터 128 사이 임의의 수 y: -128 로(으로) 이동하기
  - High Whoosh ▼ 소리의 재생을 시작하기
  - 0.5 부터 2 사이 임의의 수 초 동안 x: -128 부터 128 사이 임의의 수 y: 64 부터 128 사이 임의의 수 로(으로) 이동하기
  - 0.5 부터 1 사이 임의의 수 초 동안 x: -128 부터 128 사이 임의의 수 y: -128 로(으로) 이동하기
  - 숨기기
  - 다음 모양으로 바꾸기

- ▶ 클릭했을 때
- 계속 반복하기
  - ↻ 방향으로 15 도 돌기

- 터치 ▼ 을(를) 받았을 때
- 닿았다!! 을(를) 1.5 초 동안 말하기

사이버파이

- ▶ 클릭했을 때
- 계속 반복하기
  - control Ball ▼ to follow CyberPi with sensitivity low(0.2) ▼

- when joystick middle pressed ▼
  - 다시 시작하기 ▼ 을(를) 보내기

05. 결과 확인하기

사이버파이를 C-type USB를 이용하여 라이브 모드로 연결합니다.
깃발을 클릭하고 사이버파이 및 스프라이트를 동작합니다.
사이버파이의 움직임에 따라 Ball 스프라이트가 이동하면서 그림을 그립니다.
Ball 스프라이트가 Apple1 스프라이트에 닿은 경우 점수가 1증가합니다.

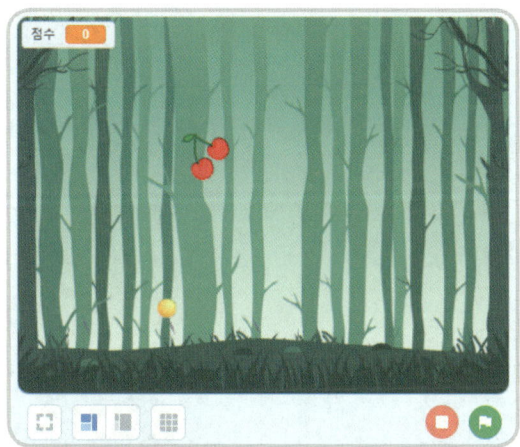 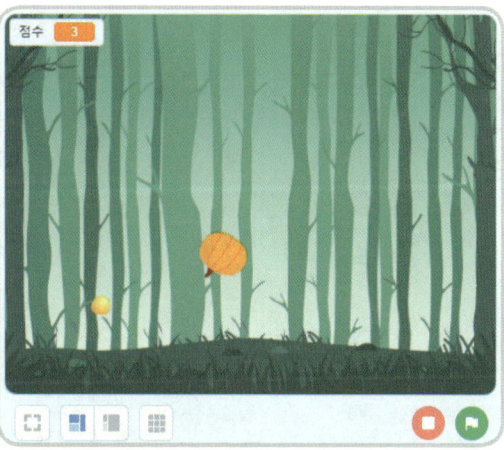

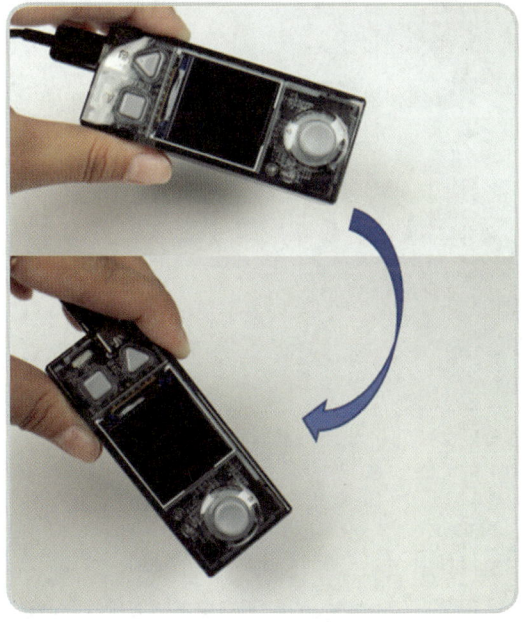 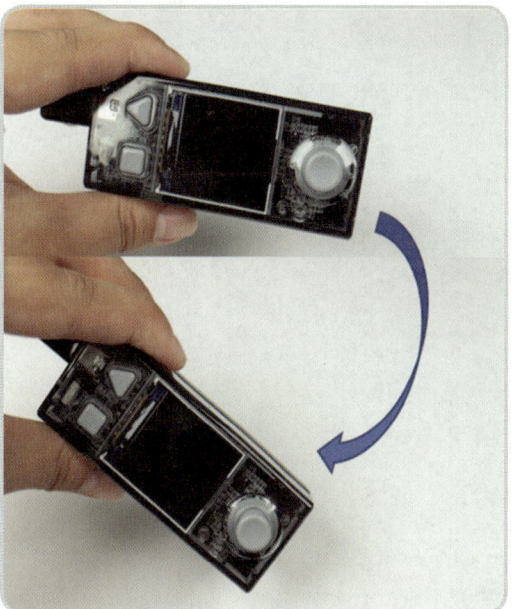

CyberPi 블록 코딩
플렉사곤 만들기

Basic

학 습 목 표

1. 'Display+' 확장을 이용해 화면에 프로그래밍을 할 수 있습니다.

2. '내 블록'으로 코드를 간단하게 정의할 수 있습니다.

01. 프로젝트 미리 보기

만화경이란 거울을 이용해서 갖가지 색채 무늬를 볼 수 있도록 고안된 시각적인 완구를 말합니다.

1817년 스코틀랜드 출신의 물리학자인 '데이비드 브루스터'가 발명하였으며, 크기가 길쭉한 3개의 평면 거울을 삼각형 모양으로 겹쳐 원통 속에 넣고, 한쪽 끝은 투명유리로 봉하고, 사이에는 작은 색종이 조각이나 셀룰로이드 조각을 넣어 만화경을 제작하였다고 합니다.
투명유리를 넣은 쪽을 밝은 쪽으로 가도록하고 빙글빙글 돌리며 내부를 보게 되면 반사에 의해 다양한 무늬로 변화하며 많은 상과 아름다운 모양을 나타나게 됩니다.

만화경에서 펼쳐지는 색채미와 무한한 공간감을 활용하여 해외 뮤직비디오에서도 많이 이용되고 있습니다.
이 장에서는 사이버파이 화면에 삼각형, 사각형, 육각형을 통해 만화경을 표현해 보겠습니다.

[그림10-1] 만화경

 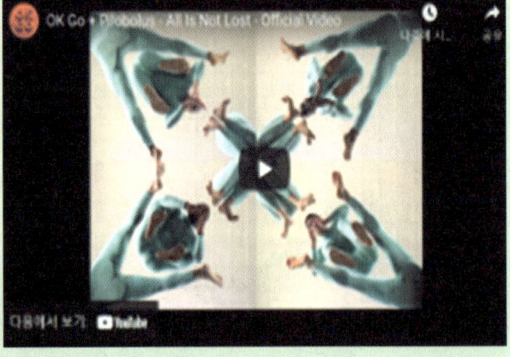

[그림10-2] 만화경

02. 프로젝트 기초 학습 하기

중요블록 보기

블록 카테고리		블록 기능
변수	시작 빨간색 초록색 파란색	빨간색, 초록색, 파란색의 값을 저장하기 위한 변수와 사이버파이 LCD에 사용할 'play' 스프라이트를 저장할 변수 '시작'을 만듭니다.
스프라이트	set backdrop to	사이버파이 화면에 배경을 설정할 수 있는 블록입니다. ※ [확장]을 클릭해 [Display+]를 추가해야 사용할 수 있습니다.
Doodling	start doodling	에어브러쉬가 있는 지점부터 사이버파이 화면에 그림을 그릴 수 있는 블록입니다. [확장]을 클릭해 [Display+]를 추가해야 사용할 수 있습니다.
내 블록	육각형 색선택 삼각형 사각형 초기화	내 블록을 사용하면 긴 코드를 하나의 블록으로 묶어 전체 코드를 알아보기 쉽게 작성할 수 있습니다.

블록 카테고리 아래에 [확장]을 클릭하고 [확장 센터]에 접속합니다.
[확장 센터] - [디바이스 확장] - [Display+]를 추가해줍니다.

03. 코드 작성 하기

 내 블록 만들기로 [초기화]를 블록 코딩하겠습니다.

```
초기화 정의하기
① clear doodles
② start doodling
③ set airbrush to the display centre
④ airbrush points in direction 90°
```

① 화면에 표시된 모든 그림을 삭제합니다.
② 에어브러쉬가 있는 위치부터 그림을 그리도록 설정합니다.
③ 그림을 그릴 에어브러쉬를 화면 중앙으로 이동시킵니다.
④ 에어브러쉬가 보는 각도를 설정합니다.

 내 블록 만들기로 [색선택]을 블록 코딩하겠습니다.

```
색선택 정의하기
① 빨간색 ▼ 을(를) 20 부터 255 사이 임의의 수 로(으로) 설정하기
② 초록색 ▼ 을(를) 20 부터 255 사이 임의의 수 로(으로) 설정하기
③ 파란색 ▼ 을(를) 20 부터 255 사이 임의의 수 로(으로) 설정하기
④ set airbrush color to R 빨간색 G 초록색 B 파란색
```

① '빨간색' 변수를 20~255 사이의 무작위 수로 설정합니다.
② '초록색' 변수를 20~255 사이의 무작위 수로 설정합니다.
③ '파란색' 변수를 20~255 사이의 무작위 수로 설정합니다.
④ 에어브러쉬 색을 변수값으로 설정합니다.

STEP 3 내 블록 만들기로 [삼각형]을 블록 코딩하겠습니다.

```
삼각형 정의하기
    10 번 반복하기
① 색선택
②   3 번 반복하기
③   airbrush moves 50 pixels
    airbrush rotates 120 ° clockwise
    airbrush rotates 36 ° clockwise
④ sprite 시작 rotates 36 ° clockwise
```

① 삼각형을 그릴 색상을 설정합니다.
② 삼각형이므로 3번 반복을 합니다.
③ 에어브러쉬가 움직일 픽셀과 각도를 설정합니다.
④ 처음 그린 삼각형에서 36도 회전하여 에어브러쉬가 움직이도록 설정합니다.

STEP 4 내 블록 만들기로 [사각형]을 블록 코딩하겠습니다.

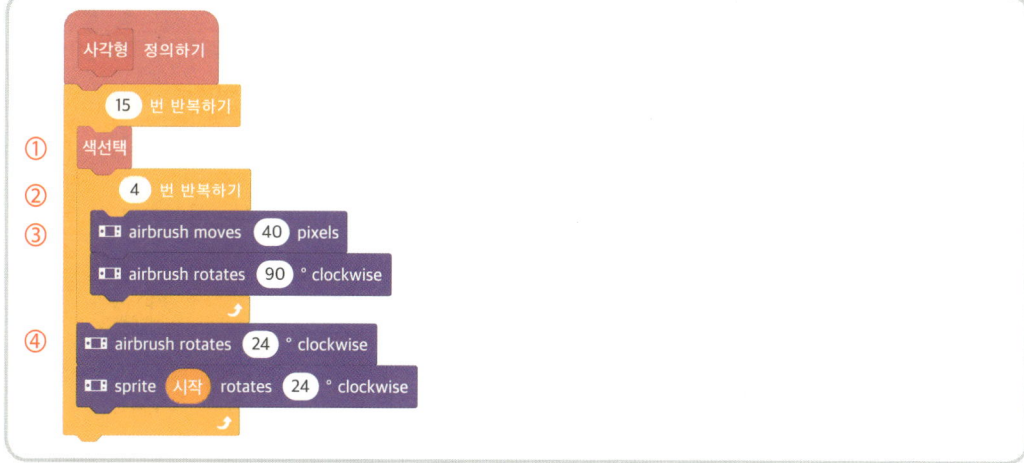

① 사각형을 그릴 색상을 설정합니다.
② 사각형이므로 4번 반복을 합니다.
③ 에어브러쉬가 움직일 픽셀과 각도를 설정합니다.
④ 처음 그린 사각형에서 24도 회전하여 에어브러쉬가 움직이도록 설정합니다.

03. 코드 작성 하기

STEP 5 내 블록 만들기로 [육각형]을 블록 코딩하겠습니다.

```
육각형 정의하기
  20 번 반복하기
① 색선택
②   6 번 반복하기
③   airbrush moves 30 pixels
    airbrush rotates 60 ° clockwise
    airbrush rotates 18 ° clockwise
④   sprite 시작 rotates 18 ° clockwise
```

① 육각형을 그릴 색상을 설정합니다.
② 육각형이므로 6번 반복을 합니다.
③ 에어브러쉬가 움직일 픽셀과 각도를 설정합니다.
④ 처음 그린 육각형에서 18도 회전하여 에어브러쉬가 움직이도록 설정합니다.

STEP 6 사이버파이가 켜졌을 때, 프로그램이 실행되도록 블록 코딩하겠습니다.

```
when CyberPi starts up
① set backdrop to ●
② set sprite 시작 to play ▼
③ sprite 시작 goes to x 64 y 64
   set sprite 시작 color to ●
④ set doodling speed to 3
⑤ 초기화
   삼각형
     1 초 기다리기
   초기화
   사각형
     1 초 기다리기
   초기화
   육각형
```

① 사이버파이 화면 배경색을 설정합니다.
② '시작' 변수에 'play' 스프라이트를 저장합니다.
③ '시작' 변수 스프라이트의 위치와 색을 설정합니다.
④ 에어브러쉬의 이동속도를 설정합니다.
⑤ [초기화]에서 설정한 에어브러쉬로 삼각형, 사각형, 육각형을 차례로 화면에 그립니다.

04. 완성 코드 확인하기

완성된 코드

①
```
초기화 정의하기
    clear doodles
    start doodling
    set airbrush to the display centre
    airbrush points in direction 90°
```

②
```
색선택 정의하기
    빨간색 을(를) 20 부터 255 사이 임의의 수 로(으로) 설정하기
    초록색 을(를) 20 부터 255 사이 임의의 수 로(으로) 설정하기
    파란색 을(를) 20 부터 255 사이 임의의 수 로(으로) 설정하기
    set airbrush color to R 빨간색 G 초록색 B 파란색
```

③
```
삼각형 정의하기
    10 번 반복하기
        색선택
        3 번 반복하기
            airbrush moves 50 pixels
            airbrush rotates 120° clockwise
        airbrush rotates 36° clockwise
        sprite 시작 rotates 36° clockwise
```

④
```
사각형 정의하기
    15 번 반복하기
        색선택
        4 번 반복하기
            airbrush moves 40 pixels
            airbrush rotates 90° clockwise
        airbrush rotates 24° clockwise
        sprite 시작 rotates 24° clockwise
```

04. 완성 코드 확인하기

⑤

육각형 정의하기
- 20 번 반복하기
  - 색선택
  - 6 번 반복하기
    - airbrush moves 30 pixels
    - airbrush rotates 60 ° clockwise
  - airbrush rotates 18 ° clockwise
  - sprite 시작 rotates 18 ° clockwise

⑥

when CyberPi starts up
- set backdrop to ●
- set sprite 시작 to play ▼
- sprite 시작 goes to x 64 y 64
- set sprite 시작 color to ●
- set doodling speed to 3
- 초기화
- 삼각형
- 1 초 기다리기
- 초기화
- 사각형
- 1 초 기다리기
- 초기화
- 육각형

05. 결과 확인하기

사이버파이를 C-type USB를 이용하여 업로드 모드로 연결합니다.
업로드를 클릭하고, 업로드가 완료되면 USB 케이블을 분리합니다.
사이버파이가 켜지면 화면에 스프라이트가 표시됩니다.
무작위의 색상으로 에어브러쉬가 '삼각형, 사각형, 육각형'을 그리며 시계방향으로 돌아가며 플렉사곤이 만들어지는 것을 확인할 수 있습니다.

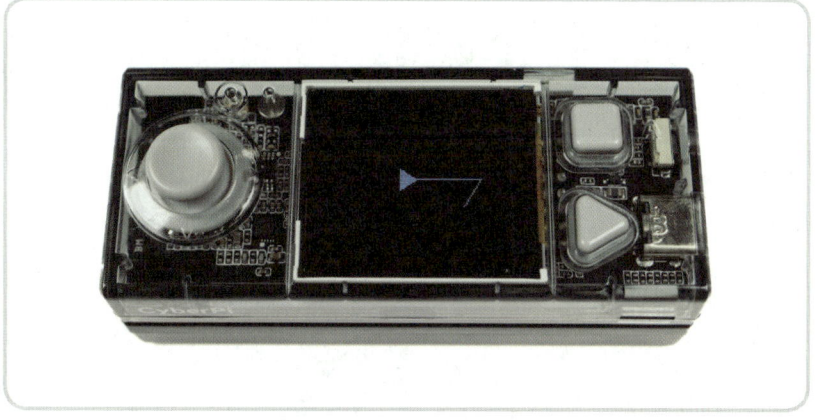

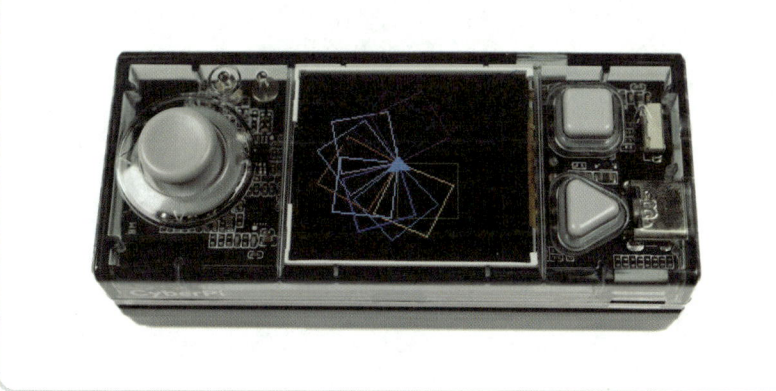

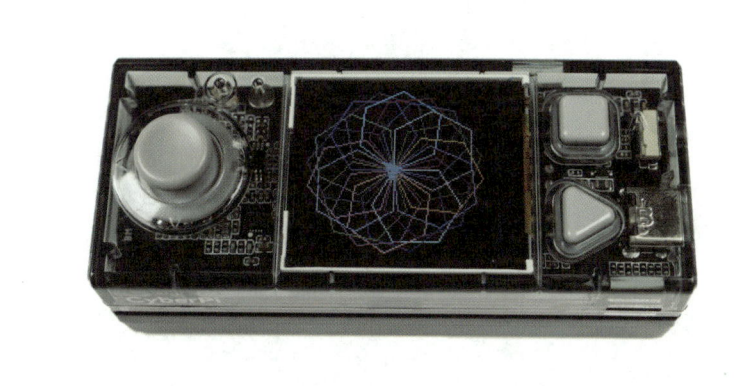

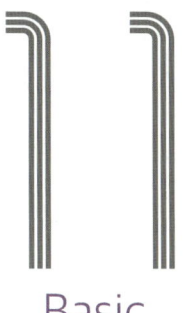

CyberPi 블록 코딩
면역력 키우기

Basic

학 습 목 표

1. 면역의 의미를 이해할 수 있습니다.

2. 생활 속에서 면역력을 키울 수 있는 방법에 대하여 생각해 볼 수 있습니다.

01. 프로젝트 미리 보기

면역은 우리 몸의 내부 환경이 외부인자인 항원에 대하여 방어하는 현상으로 병원균을 죽이거나 무력화하는 작용을 말합니다.

면역력은 부모에게 유전적으로 물려 받는 선천적 면역과 후천적 면역이 있으며, 후천적 면역력은 올바른 생활습관, 고른 영양섭취, 규칙적인 운동, 백신 예방접종 등의 방법으로 키울 수 있다.

이번 프로젝트는 운동으로 면역력을 키우기 위한 과정으로 사이버파이에 내장된 모션센서로 운동량을 측정하고 이를 스프라이트로 표현해 보겠습니다.

중요블록 보기

블록 카테고리		블록 기능
변수	면역력	면역력은 상승하거나 감소할 수 있기 때문에 프로젝트를 구현하기 위해 변수 '면역력'을 만들어 줍니다.
동작	x: 0 y: 70 로(으로) 이동하기	스프라이트에서 사용하는 블록입니다. 스프라이트 위치를 이동시킬 수 있습니다.
관찰	마우스 포인터 ▼ 에 닿았나요?	스프라이트에서 사용하는 블록입니다. 바이러스가 면역력에 닿았는지 판단할 때 사용하는 블록입니다.
Motion Sensing	흔들림 세기	사이버파이의 흔들림 세기를 측정할 수 있는 블록입니다.

02. 철이 스프라이트 만들기

기존 스프라이트를 삭제하고, 'boy15'를 추가해 줍니다.
'boy15'를 '철이'로 바꿔줍니다.

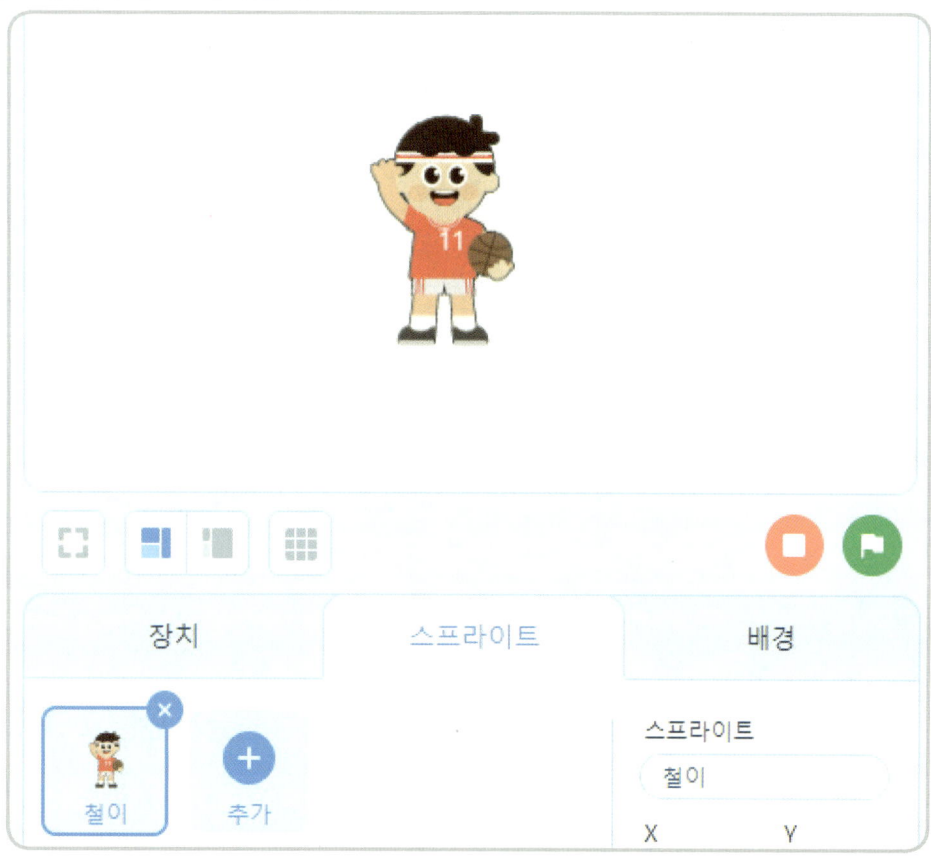

02. 면역력, 바이러스 만들기

스프라이트 추가를 클릭하고 그림판을 클릭해 면역력과 바이러스를 표현해 줍니다. 면역력은 초록색 동그라미(채우기 없음, 외곽선 8)를 그려 줍니다.

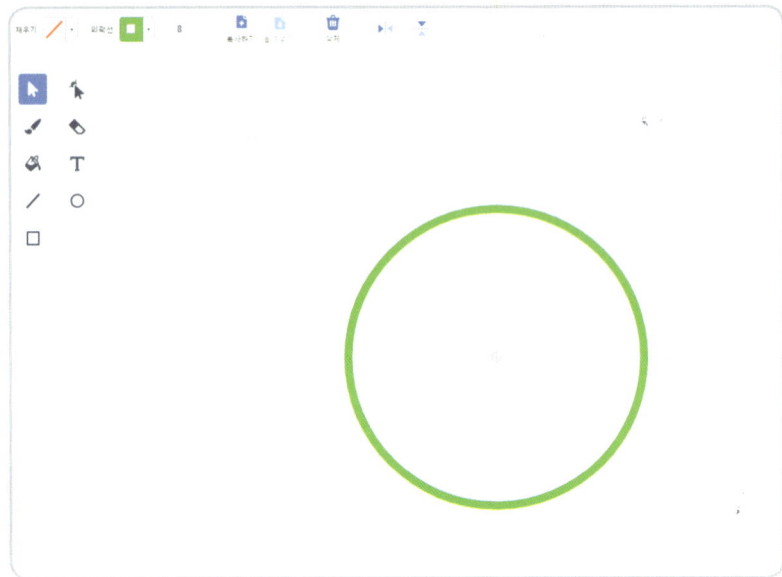

바이러스는 빨간색 사선 6개를 교차하여 둥글게 만들고 그룹화 시켜 적당한 크기로 조절합니다.

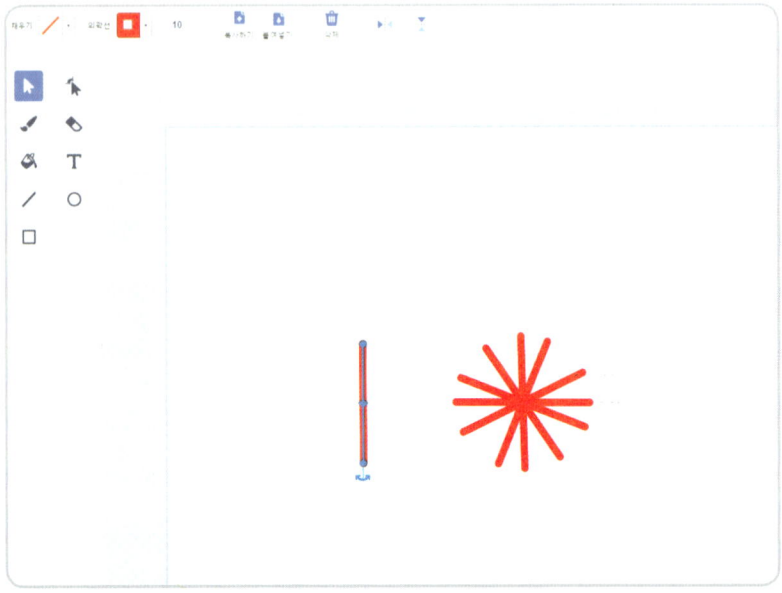

03. 코드 작성 하기

STEP 1   [스프라이트] - [철이]를 블록 코딩하겠습니다.

① 무대에서의 '철이' 위치를 지정해 줍니다.
② '바이러스' 스프라이트에 닿았는지를 확인하도록 설정합니다.

STEP 2   [스프라이트] - [면역력]을 블록 코딩하겠습니다.

① 면역력의 위치를 '철이' 스프라이트에 고정시킵니다.
② '면역력' 스프라이트의 크기를 변수 면역력의 값으로 정의합니다.

03. 코드 작성 하기

 [스프라이트] - [바이러스]를 블록 코딩하겠습니다.
'바이러스'의 움직임을 지정합니다.

① '바이러스' 스프라이트가 무대 왼쪽의 불특정 지역에서 생성되도록 합니다.
② '바이러스' 스프라이트가 무대 오른쪽의 불특정 지역에서 생성되도록 합니다.
③ '바이러스' 스프라이트가 무대 위쪽의 불특정 지역에서 생성되도록 합니다.

 [스프라이트] - [바이러스]를 블록 코딩하겠습니다.
복제된 '바이러스'의 움직임을 지정합니다.

① 복제된 '바이러스' 보이도록 합니다.
② '바이러스' 스프라이트가 '철이'쪽으로 움직이도록 설정합니다.
③ '철이' 스프라이트에 닿을 때까지 움직이도록 합니다. 만약 면역력에 먼저 닿으면 변수 값을 0.5씩 감소시키고 복제본이 삭제됩니다.

 **STEP 4** [장치] - [사이버파이]를 블록 코딩하겠습니다.
사이버파이를 흔들었을 때, '면역력' 변수를 변경합니다.

① 클릭했을 때
   면역력 ▼ 을(를) 100 로(으로) 설정하기
② 계속 반복하기
   만약 흔들림 세기 > 40 이(가) 참이면
   면역력 ▼ 을(를) 1 만큼 변경하기

① 면역력 변수 초기 값을 100으로 설정합니다.
② 사이버파이 흔들림 세기가 40을 초과하면 면역력이 1씩 증가합니다.

04. 완성 코드 확인하기

완성된 코드

철이

```
클릭했을 때
x: 0 y: -70 로(으로) 이동하기
계속 반복하기
    만약 <코로나19 ▼ 에 닿았나요?> 이(가) 참이면
        열심히 운동하자!! 을(를) 2 초 동안 말하기
```

면역력

```
클릭했을 때
x: x 좌표 ▼ 의 철이 ▼  y: y 좌표 ▼ 의 철이 ▼ 로(으로) 이동하기
계속 반복하기
    크기를 면역력 % 로 정하기
```

사이버파이

```
클릭했을 때
면역력 ▼ 을(를) 100 로(으로) 설정하기
계속 반복하기
    만약 <흔들림 세기 > 40> 이(가) 참이면
        면역력 ▼ 을(를) 1 만큼 변경하기
```

바이러스

- ▶ 클릭했을 때
- 숨기기
- 계속 반복하기
  - x: -240 y: -180 부터 180 사이 임의의 수 로(으로) 이동하기
  - 나 자신 ▼ 을 복제하기
  - x: 240 y: -180 부터 180 사이 임의의 수 로(으로) 이동하기
  - 나 자신 ▼ 을 복제하기
  - x: -240 부터 240 사이 임의의 수 y: 180 로(으로) 이동하기
  - 나 자신 ▼ 을 복제하기

- 복제되었을 때
- 보이기
- 철이 ▼ 쪽 보기
- 철이 ▼ 에 닿았나요? 이(가) 참일 때까지 반복하기
  - 10 만큼 움직이기
  - 만약 면역력 ▼ 닿았나요? 이(가) 참이면
    - 면역력 ▼ 을(를) -0.5 만큼 변경하기
    - 이 복제본 삭제하기
- 이 복제본 삭제하기

05. 결과 확인하기

사이버파이를 C-type USB를 이용하여 라이브 모드로 연결합니다.
초록색 깃발을 클릭하여 프로그램을 실행하면 바이러스가 무대의 좌, 우, 위 면에서 복제되어 철이 방향으로 움직이고 면역력에 닿으면 면연력이 작아지고, 사이버파이를 강하게 흔들면 다시 면역력이 커지는 것을 확인할 수 있습니다.

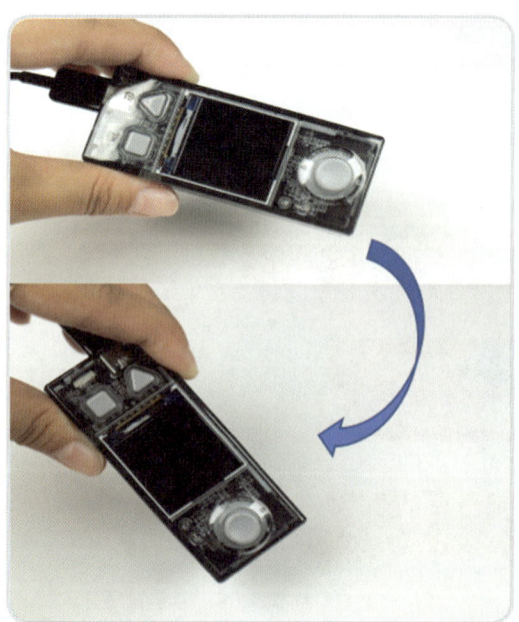

12
Basic

CyberPi 블록 코딩
택배 물류 시스템

학습목표

1. 사이버파이와 스프라이트를 연동하여 메시지를 주고 받을 수 있습니다.

2. 택배 물류 시스템을 구현할 수 있습니다.

01. 프로젝트 미리 보기

물류는 흔히 사람 몸의 혈액 순환과 비교하여 많이 이야기 합니다. 혈액의 순환이 원활하지 못하다면 여러 장기에 산소와 영양분이 제대로 공급되지 못하는 것처럼 물류가 원활히 작동하지 못한다면 원자재를 받아 부품을 만드는 공장, 그 부품을 받아 완제품을 만드는 공장 등 전체 산업에 부정적인 요인이 될 수 밖에 없습니다. 다행히 우리나라는 물류 시스템이 잘 갖춰진 편으로 인터넷으로 쇼핑을 하면 다음 날이면 도착할 정도로 물류가 잘 작동하고 있습니다.

이번 프로젝트는 사이버파이와 스프라이트를 연동하여 택배 시스템을 만들어 보겠습니다.

[그림12-1] 택배 물류 시스템

02. 프로젝트 기초 학습 하기

중요블록 보기

블록 카테고리		블록 기능
이벤트	메시지 ▼ 을(를) 받았을 때 메시지1 ▼ 을(를) 보내기	메시지를 송·수신할 수 있는 블록입니다.
연산	1 부터 10 사이 임의의 수	1부터 10까지의 수 중 하나를 무작위로 선택해 줍니다.
관찰	택배 번호를 입력하세요 묻고 기다리기	스프라이트에서 사용하는 블록입니다. 사이버파이 화면에 뜬 택배번호를 입력할 때, 사용하는 블록입니다.
변수	택배코드 만들기	택배 코드로 사용할 값을 저장하는 변수를 만들어 줍니다.

03. 코드 작성 하기

STEP 1   [장치] - [사이버파이]를 블록 코딩하겠습니다.
택배 코드를 만들고, 택배도착 메시지를 보내도록 합니다.

① 4자리 수의 택배코드를 만들도록 설정합니다.
② 생성된 택배코드를 사이버파이 화면에 3초간 띄웁니다.
③ '택배도착' 메시지를 스프라이트에 보내도록 설정합니다.

STEP 1   [장치] - [사이버파이]를 블록 코딩하겠습니다.
'택배전달 성공' 메시지를 받았을 때, 물류 시스템이 종료되도록 합니다.

① '택배전달 성공' 메시지를 받았을 때, 아래에 있는 블록 외의 다른 모든 블록의 작동을 멈추도록 설정합니다.
② 사이버파이 화면을 지우고, '택배 전달 성공' 문구를 화면에 출력합니다.

STEP 2 [스프라이트]를 블록 코딩하겠습니다.
'택배도착' 메시지를 받으면 택배 코드를 확인하고, 메시지를 보내도록 합니다.

① 택배 번호를 물어보고 대답할 입력 상자를 무대에 띄웁니다.
② 입력한 택배 번호가 사이버파이에 표시되었던 택배 번호와 일치하는지 확인합니다.
③ 택배 번호가 일치하면 스프라이트가 '택배를 가져가세요'를 2초 동안 말하고, 사이버파이에 '택배전달 성공' 메시지를 보냅니다.
④ 택배 번호가 일치하지 않으면 스프라이트가 '택배 번호를 확인 하세요'를 2초 동안 말합니다.

04. 완성 코드 확인하기

완성된 코드

사이버파이

- 클릭했을 때
- 화면 지우기
- 택배코드 만들기 ▼ 을(를) 1000 부터 9999 사이 임의의 수 로(으로) 설정하기
- print 택배코드는:
- print 택배코드 만들기
- 3 초 기다리기
- 화면 지우기
- print 택배가 도착 했습니다. and move to a newline
- 택배도착 ▼ 을(를) 보내기

- 택배전달 성공 ▼ 을(를) 받았을 때
- stop 스프라이트에 있는 다른 스크립트 ▼
- 화면 지우기
- print 택배 전달 성공 and move to a newline

스프라이트

- 택배도착 ▼ 을(를) 받았을 때
- 택배 번호를 입력하세요 묻고 기다리기
- 만약 대답 = 택배코드 만들기 이(가) 참이면
  - 택배를 가져가세요 을(를) 2 초 동안 말하기
  - 택배전달 성공 ▼ 을(를) 보내기
- 아니면
  - 택배 번호를 확인 하세요 을(를) 2 초 동안 말하기

05. 결과 확인하기

사이버파이를 C-type USB를 이용하여 라이브 모드로 연결합니다.
초록색 깃발을 클릭하고, 사이버파이에 표시된 택배 코드를 확인합니다.
스프라이트에 택배 번호를 입력합니다.
택배 번호를 일치하게 입력하면 택배를 수령하고, 프로그램이 종료됩니다.

13 Basic

CyberPi 블록 코딩
독서실 사용자 시스템

학 습 목 표

1. 사이버파이의 조도 센서와 모션 센서, 타이머를 활용할 수 있습니다.

2. 조명 자동 조절 장치와 바른 자세 프로젝트를 구현할 수 있습니다.

01. 프로젝트 미리 보기

사이버파이에는 많은 센서들이 내장되어 있습니다.

앞서 소개된 타이머와 기울기를 감지할 수 있는 센서 뿐만 아니라 주변 밝기를 측정할 수 있는 조도 센서도 내장되어 있습니다.

조도 센서는 주변 빛의 양을 측정하고, 사이버파이 LED 밝기를 자동으로 조절할 수 있습니다. 어두운 곳에서는 LED 밝기를 밝게하고, 밝은 곳에서는 LED 밝기를 어둡게 조절하여 주변을 밝힐 수 있습니다.

올바른 자세는 건강한 생활을 위해 반드시 필요합니다. 특히 앉아서 공부, 일 등을 할 때 자세가 바르지 못하면 등뼈가 휘어 통증을 주는 등 일상생활에 지장을 주게 됩니다. 바르게 앉는 자세가 중요하며, 바른 자세를 유지하기 위해 일정시간이 지나면 자리에서 일어나는 등의 휴식이 필요합니다.

사이버파이에 타이머와 모션센서를 이용해 바른 자세 프로젝트를 구현할 수 있습니다.

이번 장에서는 독서실 사용자가 사용하면 편리할 시스템으로 사이버파이 LED 밝기 자동조절과 바른 자세 관리 프로젝트를 구현해 보도록 하겠습니다.

02. 프로젝트 기초 학습 하기

중요블록 보기

블록 카테고리		블록 기능
제어	stop 스프라이트에 있는 다른 스크립트 ▼	이 블록이 속해있는 스크립트 외에 다른 스크립트의 실행을 모두 멈출 수 있는 블록입니다.
관찰	주변 조도	사이버파이의 조도 센서를 통해 측정한 조도 값을 확인할 수 있는 블록입니다. 값의 범위는 0~100 입니다.
	타이머 (초) 타이머 초기화	타이머를 초기화 시키거나 타이머로 측정한 시간(초)을 확인할 수 있는 블록입니다.
Motion Sensing	흔들기 ▼ detected?	사이버파이의 모션센서를 통해 사이버파이가 흔들렸는지 판단할 수 있는 블록입니다. ▼ 클릭하면 다른 움직임 상태를 선택할 수 있습니다.

03. 코드 작성 하기

 사이버파이가 켜졌을 때, 화면에 기본적인 사항들을 출력합니다.

```
when CyberPi starts up
① 화면 지우기
② print 시력보호:A and move to a newline
③ print 자세관리:B and move to a newline
```

① 사이버파이 화면에 모든 문구를 지웁니다.
② '시력보호:A' 문구가 화면에 표시되도록 합니다.
③ '자세관리:B' 문구가 화면에 표시되도록 합니다.

 A 버튼을 눌렀을 때, 조명 조절이 되도록 블록 코딩합니다.

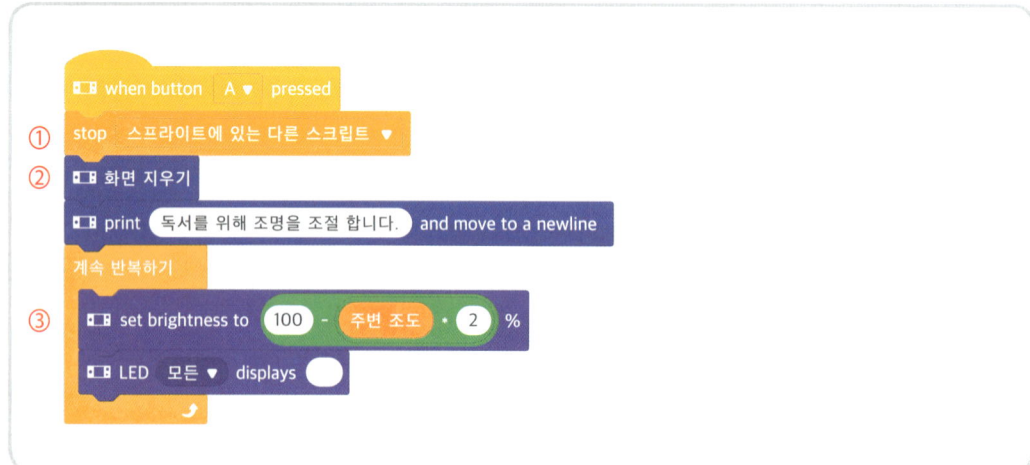

① A 버튼을 눌렀을 때, 아래에 있는 블록 외의 다른 모든 블록의 작동을 멈추도록 설정합니다.
② 사이버파이 화면을 지우고, '독서를 위해 조명을 조절 합니다.' 문구를 표시합니다.
③ LED 밝기가 주변 조도 값에 따라 조절 되도록 밝기 최대 값인 100에서 주변 조도 값을 뺀 밝기로 설정합니다.(명확한 결과도출을 위해 주변 조도 값에 곱하기 2를 해주었습니다. 주변 상황에 맞게 값을 설정해보세요.)

 **STEP 3** B 버튼을 눌렀을 때, 바른 자세 프로젝트가 실행되도록 블록코딩합니다.

```
when button B pressed
① stop 스프라이트에 있는 다른 스크립트 ▼
② 타이머 초기화
③ 화면 지우기
   print 자세를 바로 합니다. and move to a newline
   계속 반복하기
④ 만약  타이머 (초) > 10  이(가) 참이면
      set brightness to 30 %
      LED 모든 ▼ displays ●
      화면 지우기
      print 일어나서 움직이세요. and move to a newline
⑤    set volume to 10 %
      play 화난 ▼ until done
⑥ 만약  흔들기 ▼ detected?  이(가) 참이면
      타이머 초기화
      turn off LED 모든 ▼
      모든 소리 끄기
⑦    화면 지우기
      print 앉는 자세에 주의 하세요. and move to a newline
```

① B 버튼을 눌렀을 때, 아래에 있는 블록 외의 다른 모든 블록의 작동을 멈추도록 설정합니다.
② 사이버파이는 켜질 때부터 타이머가 작동하므로 타이머를 초기화 시켜줍니다.
③ 사이버파이 화면을 지우고, '자세를 바로 합니다.' 문구를 표시합니다.
④ 타이머가 10초를 초과하면(앉아 있을 시간) 30% 밝기로 빨간색 LED가 켜지며, 화면에 '일어나서 움직이세요.' 문구를 표시합니다.
⑤ 사이버파이의 스피커를 통해 10%의 크기로 [화난] 소리가 끝까지 재생됩니다.
⑥ 사이버파이를 흔들면 타이머가 초기화 되고 LED와 소리가 꺼지게 설정합니다.
⑦ 사이버파이 화면을 지우고, '앉는 자세에 주의 하세요.' 문구를 표시합니다.

04. 완성 코드 확인하기

완성된 코드

①
- when CyberPi starts up
- 화면 지우기
- print 시력보호:A and move to a newline
- print 자세관리:B and move to a newline

②
- when button A pressed
- stop 스프라이트에 있는 다른 스크립트
- 화면 지우기
- print 독서를 위해 조명을 조절 합니다. and move to a newline
- 계속 반복하기
  - set brightness to 100 - 주변 조도 · 2 %
  - LED 모든 displays

③
- when button B pressed
- stop 스프라이트에 있는 다른 스크립트
- 타이머 초기화
- 화면 지우기
- print 자세를 바로 합니다. and move to a newline
- 계속 반복하기
  - 만약 타이머 (초) > 10 이(가) 참이면
    - set brightness to 30 %
    - LED 모든 displays
    - 화면 지우기
    - print 일어나서 움직이세요. and move to a newline
    - set volume to 10 %
    - play 화난 until done
  - 만약 흔들기 detected? 이(가) 참이면
    - 타이머 초기화
    - turn off LED 모든
    - 모든 소리 끄기
    - 화면 지우기
    - print 앉는 자세에 주의 하세요. and move to a newline

05. 결과 확인하기

사이버파이를 C-type USB를 이용하여 업로드 모드로 연결합니다.
업로드를 클릭하고, 업로드가 완료되면 프로그램이 실행됩니다.
사이버파이가 켜지면 A, B 버튼에 대한 문구가 표시됩니다.
A 버튼을 누르면 조명 조절이 진행되고, B 버튼을 누르면 바른 자세 프로젝트가
실행됩니다.

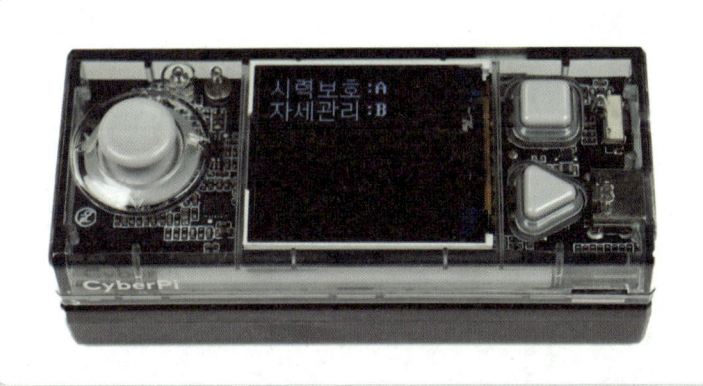

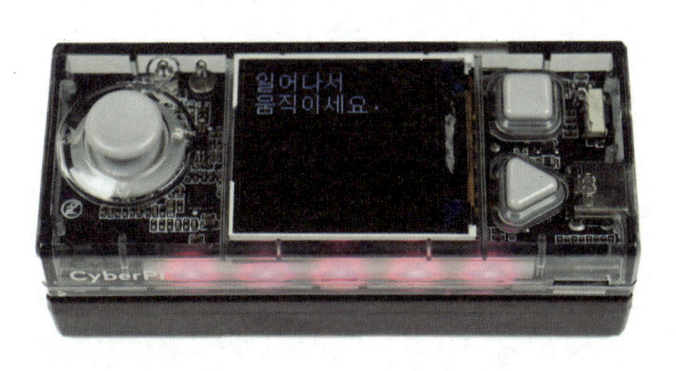

14 Basic

CyberPi 블록 코딩
주변 소음 측정기

학 습 목 표

1. 사이버파이를 통해 소음을 측정할 수 있습니다.

2. 측정된 소음이 일정 기준 이상이면 사용자에게 경고를 보낼 수 있습니다.

01. 프로젝트 미리 보기

사이버파이에는 음향 센서가 내장되어 있습니다.

Sound Sensors로 많이 알려져 있는 음향 센서는 주변 소리의 크기를 감지하고, 숫자로 바꿀 수 있습니다.

사이버파이는 소리의 크기를 0~100으로 표기합니다.
앞 단원에서 살펴봤던 이퀄라이저 프로젝트와 유사한 원리로 음량을 측정하게 됩니다.

이 장에서는 음향 센서로 주변의 소음을 측정하고, 소음이 일정 수준 이상으로 측정될 때, 사이버파이에 경고 LED와 메시지를 전달해 소음으로 부터 청력을 보호해 주는 프로젝트를 구현해 보겠습니다.

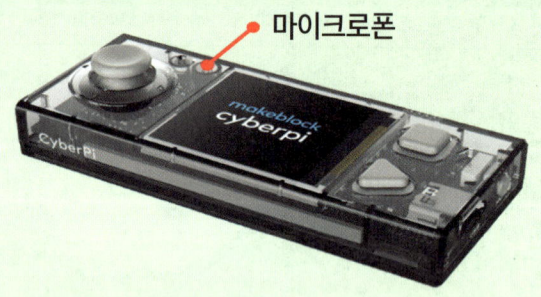

[그림14-1] 사이버파이 마이크 위치

02. 프로젝트 기초 학습 하기

중요블록 보기

블록 카테고리		블록 기능
변수	소음	사이버파이에서 측정된 음량 값을 저장할 변수를 만들어 줍니다.
이벤트	경고 ▼ 을(를) 받았을 때 경고 ▼ 을(를) 보내기	일정 수준 이상의 소음이 측정되면 경고 메시지를 보내고, 받을 수 있는 블록입니다. 경고 메시지를 받았을 때, 다른 블록을 실행시킬 수 있습니다.
관찰	음량	사이버파이에 측정된 음량을 나타낼 수 있는 블록입니다.
화면	set print size to 가운데 ▼	사이버파이 화면에 출력되는 문구 크기를 설정할 수 있는 블록입니다. ▼ 클릭하면 작은 사이즈부터 아주 큰 사이즈까지 선택할 수 있습니다.

CyberPi 블록 코딩   117

03. 코드 작성 하기

 초록색 깃발을 클릭했을 때, 소음을 측정하고 소음이 50을 초과하는 경우 메시지를 보내도록 블록 코딩합니다.

① 변수 '소음'을 사이버파이가 측정한 음량으로 설정합니다.
② 사이버파이 화면을 지우고, 사이버파이 화면 가운데 큰 글씨로 측정한 소음을 표시하도록 설정합니다.
③ 측정된 소음이 50을 초과하면 '경고' 메시지를 보내고, 50을 초과하지 않으면 모든 LED를 끕니다.

 '경고' 메시지를 받았을 때, LED가 반짝거리고 화면에 경고 문구가 표시 될 수 있도록 블록 코딩합니다.

① '경고' 메시지를 받았을 때, 사이버파이 빨간색 LED가 0.1초 간격으로 깜빡이게 설정합니다.
② 사이버파이 화면을 지웁니다.
③ 사이버파이 화면에 빨간색으로 '소리가 너무 커요!!' 문구를 중간 크기로 나타냅니다.

04. 완성 코드 확인하기

완성된 코드

①
- 클릭했을 때
- 계속 반복하기
  - 소음 을(를) 음량 로(으로) 설정하기
  - 화면 지우기
  - set brush color
  - show label 1 소음 at center of screen by big pixel
  - 만약 소음 > 50 이(가) 참이면
    - 경고 을(를) 보내기
  - 아니면
    - turn off LED 모든

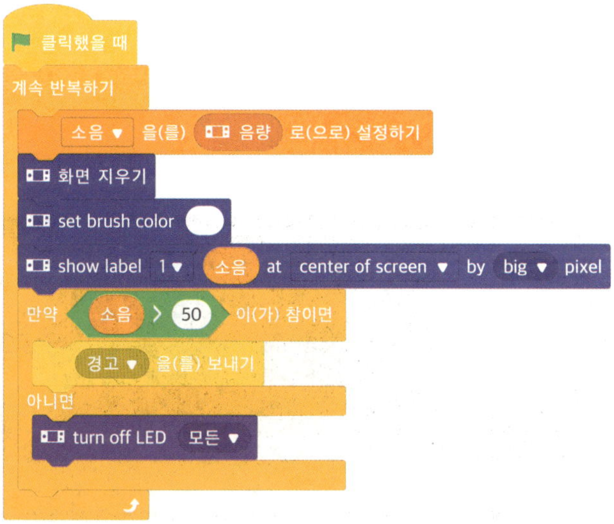

②
- 경고 을(를) 받았을 때
  - 7 번 반복하기
    - LED 모든 displays
    - 0.1 초 기다리기
    - turn off LED 모든
    - 0.1 초 기다리기

- 경고 을(를) 받았을 때
  - 화면 지우기
  - set brush color
  - set print size to 가운데
  - print 소리가 너무 커요!!

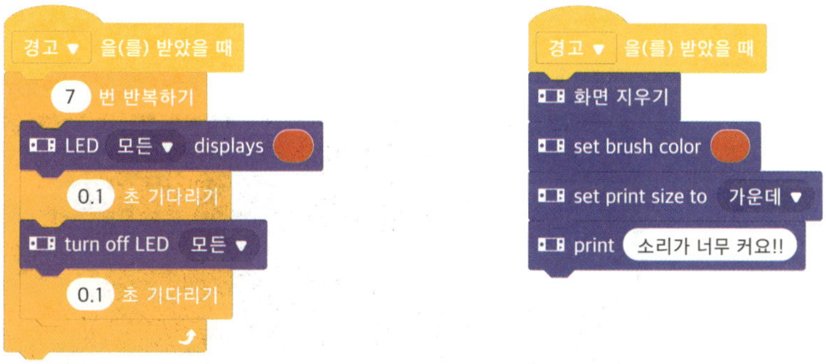

05. 결과 확인하기

사이버파이를 C-type USB를 이용하여 라이브 모드로 연결합니다.
초록색 깃발을 클릭하고, 소음을 측정합니다.
소음의 값이 50을 초과하면 빨간색 LED가 점등되고, 경고 문구가 화면에 표시됩니다.
소음 값이 50이하면 모든 LED가 꺼집니다.

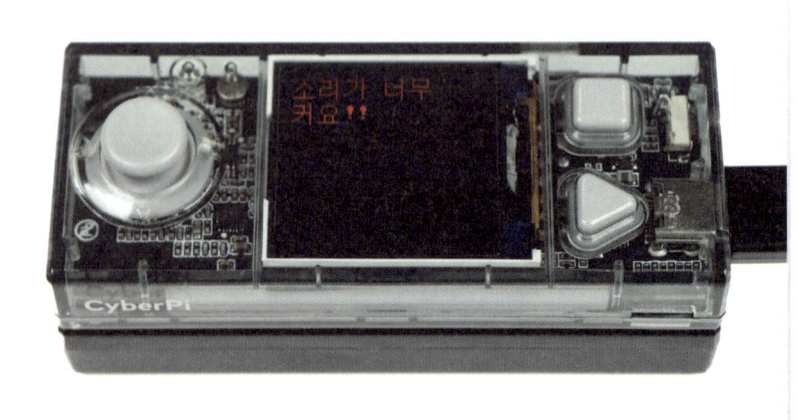

15 Basic

CyberPi 블록 코딩
AI 번역기

학 습 목 표

1. 사이버파이에 와이파이를 연결할 수 있습니다.

2. 음성인식 된 내용을 영어로 번역해 사이버파이 스피커로 재생되는 프로젝트를 구현할 수 있습니다.

01. 프로젝트 미리 보기

번역기는 특정 언어를 다른 언어로 번역해 줄 수 있는 기계입니다.
주로 컴퓨터를 통해 사용되며, 최근에는 인공지능 번역이 일반화되면서 번역 속도와 정확도가 현저히 향상되었습니다.

사이버파이는 내장되어 있는 와이파이 모듈을 통해 WiFi에 연결할 수 있습니다. 또한 내장된 마이크로 음성인식을 할 수 있고, 스피커는 음성으로 출력할 수 있습니다.

사이버파이가 WiFi에 연결되면 마이크로 인식된 음성을 서버로 전송하고, 필요한 언어의 문자로 번역해 다시 수신할 수 있습니다.

이 장에서는 사이버파이에 한국어를 인식시키고, 인식된 한국어가 영어로 번역되어 스피커로 출력되는 AI 번역기 프로젝트를 구현해 보겠습니다.

[그림15-1] 파파고 번역기

02. 프로젝트 기초 학습 하기

 중요블록 보기

블록 카테고리		블록 기능
AI	connect to Wi-Fi ssid password password	번역을 위해 서버로 데이터를 전송할 때, WiFi에 연결이 되어 있어야 가능합니다. 사이버파이에 WiFi를 연결할 수 있는 블록입니다.
	recognize (12) Korean 3 secs 음성인식 결과	12가지 언어로 음성을 인식시킬 수 있으며, 음성인식 결과를 불러 올 수 있는 블록입니다. ※ 음성인식을 사용하려면 mBlock5에 로그인 해야 합니다.
	speak auto hello world	괄호 안에 지정된 텍스트를 인식된 언어로 소리내어 읽어줄 수 있는 블록입니다.
변수	번역	우리말을 영어로 번역하여 저장하기 위한 변수를 만들어 줍니다.

03. 코드 작성 하기

 **STEP 1** 사이버파이가 켜졌을 때, WiFi에 연결 되도록 블록 코딩합니다.

① WiFi에 연결될 수 있도록 사용자의 WiFi 이름과 비밀번호를 대·소문자를 구분해 정확하게 입력합니다.
② 사이버파이 화면을 지우고, '와이파이 연결중' 문구를 표시합니다.
③ 사이버파이에 WiFi가 연결되었는지 확인하고, WiFi가 연결되면 사이버파이 화면에 '와이파이 연결됨' 문구를 표시합니다.

 **STEP 2** A 버튼을 눌렀을 때, 인식한 한글을 영어로 번역해 스피커로 출력되도록 코딩합니다.

① A 버튼을 눌렀을 때, 한글을 3초간 인식하도록 합니다.
　※ 음성인식을 사용하려면 mBlock5에 로그인을 해야합니다.
② 사이버파이 화면을 지우고, 음성인식한 결과를 사이버파이 화면에 표시합니다.
③ '번역' 변수에 영어로 번역된 문자를 저장합니다.
④ 번역된 결과를 스피커를 통해 출력 합니다.

04. 완성 코드 확인하기

완성된 코드

①
```
when CyberPi starts up
connect to Wi-Fi  css307  password  123456
화면 지우기
print 와이파이 연결중 and move to a newline
network connected? 이(가) 참일 때까지 기다리기
화면 지우기
print 와이파이 연결됨 and move to a newline
```

②
```
when button A pressed
recognize (12) Korean  3 secs
화면 지우기
print 한글: 와(과) 음성인식 결과 을(를) 결합한 문자열 and move to a newline
번역 을(를) translate 음성인식 결과 into 영어 로(으로) 설정하기
speak auto 번역
```

05. 결과 확인하기

사이버파이를 C-type USB를 이용하여 업로드 모드로 연결합니다.
업로드를 클릭하고, 업로드가 완료되면 프로그램이 실행됩니다.
사이버파이가 켜지면 와이파이에 연결이 됩니다.
A 버튼을 누르면 음성인식이 시작되고, 화면과 스피커를 통해 번역된 언어가 출력됩니다.

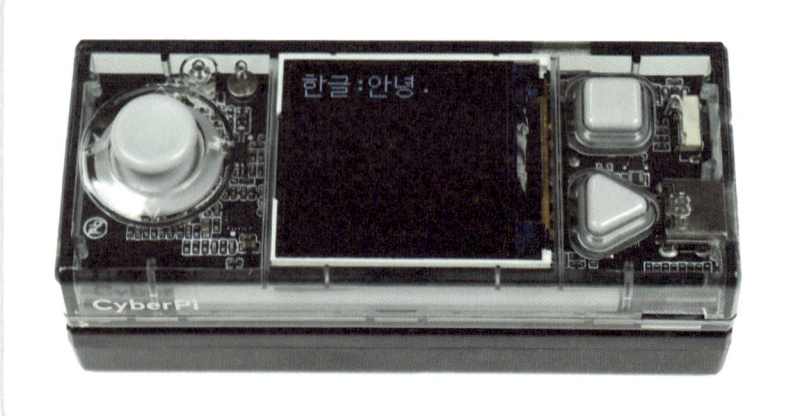

CyberPi 블록 코딩
데이터차트 활용하기

16 Basic

학 습 목 표

1. 평균기온을 찾아 리스트에 입력 데이터를 만들 수 있습니다.

2. 데이터를 통해 사이버파이에 그래프를 나타내고, 스프라이트에 데이터 차트창을 만들 수 있습니다.

01. 프로젝트 미리 보기

사이버파이는 입력된 데이터를 바탕으로 화면에 그래프로 데이터를 표현할 수 있습니다.

산업혁명 이후 급격히 증가된 화석연료 사용에 의한 부작용으로 최근 화두가 되는 것이 지구온난화입니다. 지구의 평균기온이 상승하면서 많은 자연재해들이 발생하고 있어 이를 줄이고자 나무 심기, 배기가스 없는 전기자동차 보급, 석탄발전 축소 등 세계적으로 다양한 노력을 하고 있습니다.

이 장에서는 실제 평균기온이 상승하고 있는지 1961~1990년 평균기온과 1981~2010년 평균 기온을 비교해 보는 프로젝트를 구현해 보겠습니다.

사이버파이 화면에 그래프로 표시하고, 스프라이트와 연동해 데이터 차트창도 함께 살펴보도록 하겠습니다.

[그림16-1] 지구온난화

02. 프로젝트 기초 학습 하기

평균기온 변화 프로젝트는 사이버파이와 스프라이트를 연동해서 프로그램을 구현해 보겠습니다.

먼저 '스프라이트' 탭을 클릭한 후, [확장]을 클릭해 확장 센터를 열고 [데이터 차트]를 추가해 줍니다.

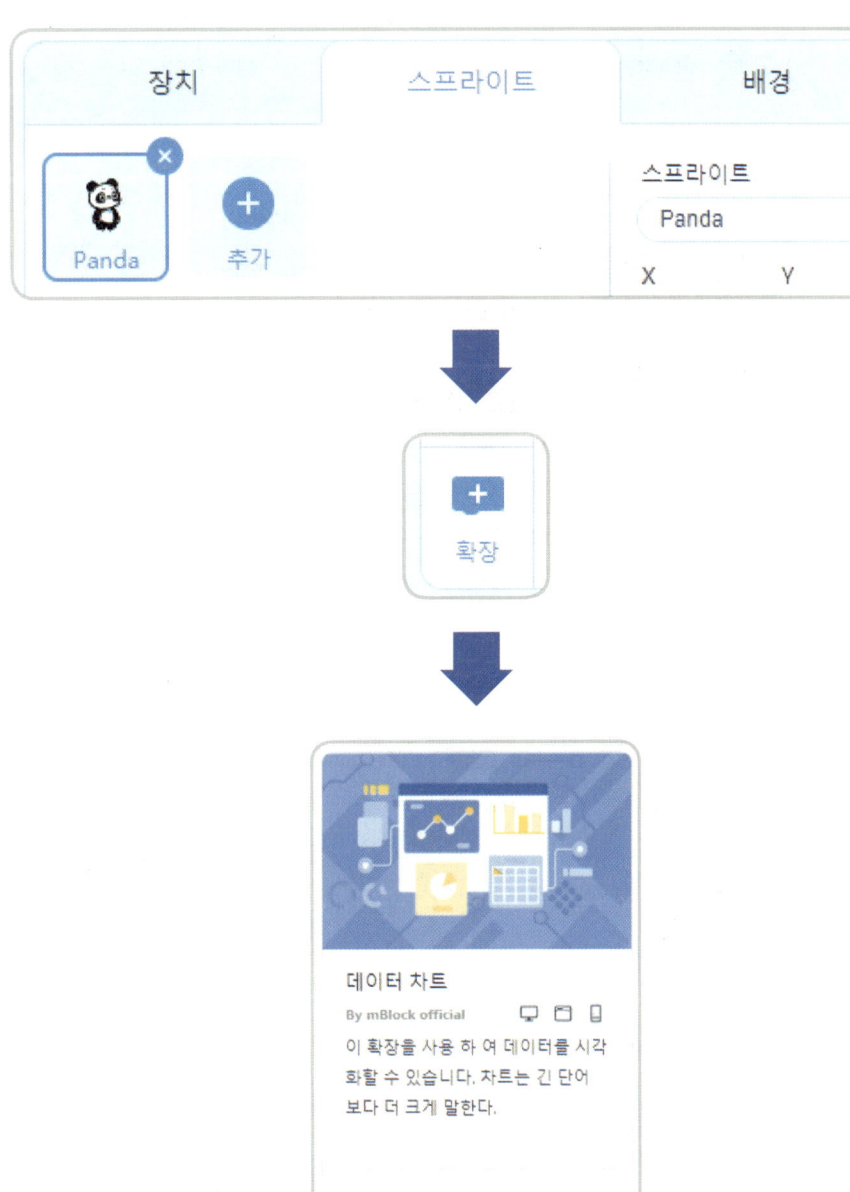

02. 프로젝트 기초 학습 하기

입력 데이터를 작성하기 위해 [기상청 날씨누리]에 접속해 1961~1990년 평균기온과 1981~2010년 월별 평균기온을 찾아야 합니다.

※ 지역은 비교해보고 싶은 지역을 자유롭게 선택하면 되고, 본 책에서는 서울의 평균기온을 비교하였습니다.

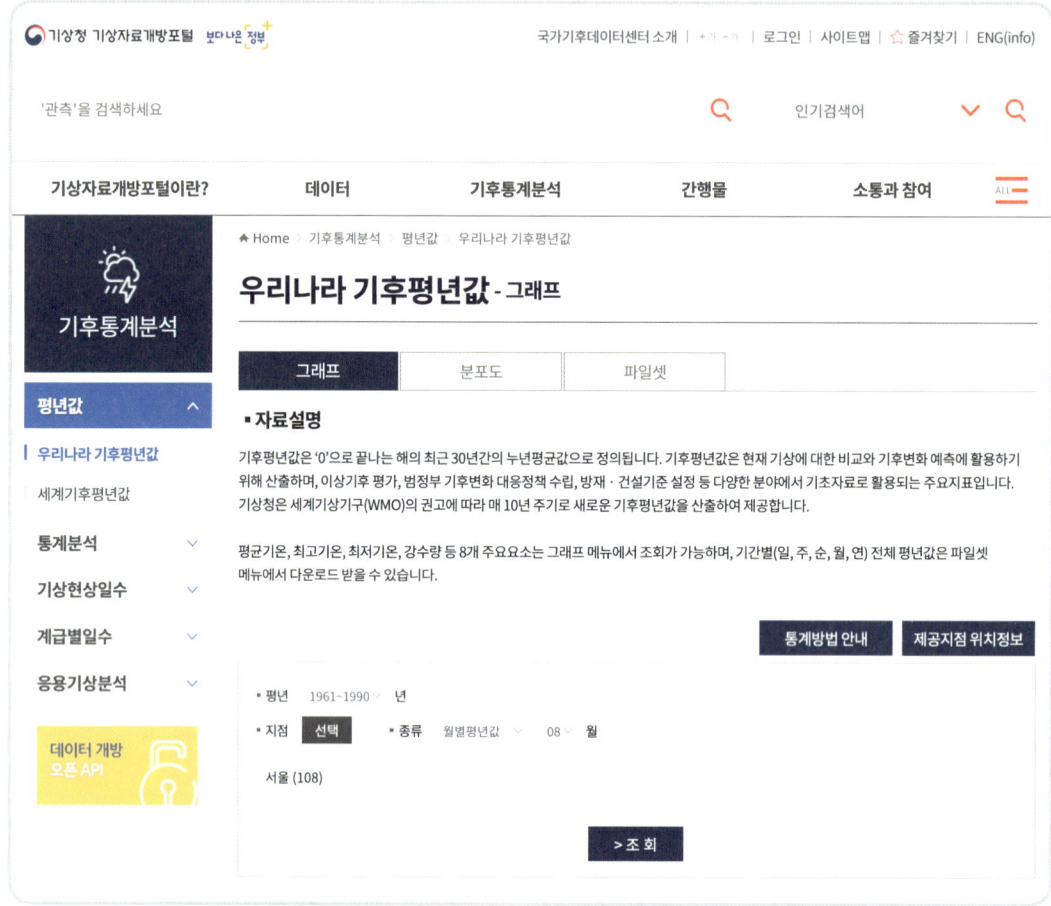

중요블록 보기

블록 카테고리		블록 기능
데이터 차트	데이터 차트 창 열기	스프라이트에서 사용하는 블록입니다. 데이터 차트 창을 열 수 있습니다. ※ [확장]을 클릭해 [데이터 차트]를 추가해야 사용할 수 있습니다.
	차트 종류 설정 꺾은선형 차트 ▼	데이터 차트를 나타낼 차트의 종류를 선택할 수 있는 블록입니다. 제공되는 차트의 종류는 5가지 입니다.
변수	리스트 만들기 1961~1990 1981~2010	리스트 만들기를 클릭하고, 입력 데이터를 작성할 수 있는 리스트를 두 개 만들어 줍니다. 기상청에서 가져온 월별 평균기온을 리스트에 각각 입력하면 됩니다.
	순서	리스트의 항목 순서로 사용하기 위한 숫자를 저장합니다.
	1960평균	1961년에서 1990년까지의 평균기온을 저장할 변수입니다.
	1980평균	1981년에서 2010년까지의 평균기온을 저장할 변수입니다.

03. 코드 작성 하기

[기상청 날씨누리]에서 가져온 월별 평균 기온을 [리스트]에 각각 입력합니다.
[변수] - [리스트 만들기]를 클릭하고, 새 목록 이름을 작성한 뒤 확인을 클릭합니다.
[리스트]가 생성되면 무대에 표시가 되고, +를 눌러 1~12월까지 데이터를 입력합니다.

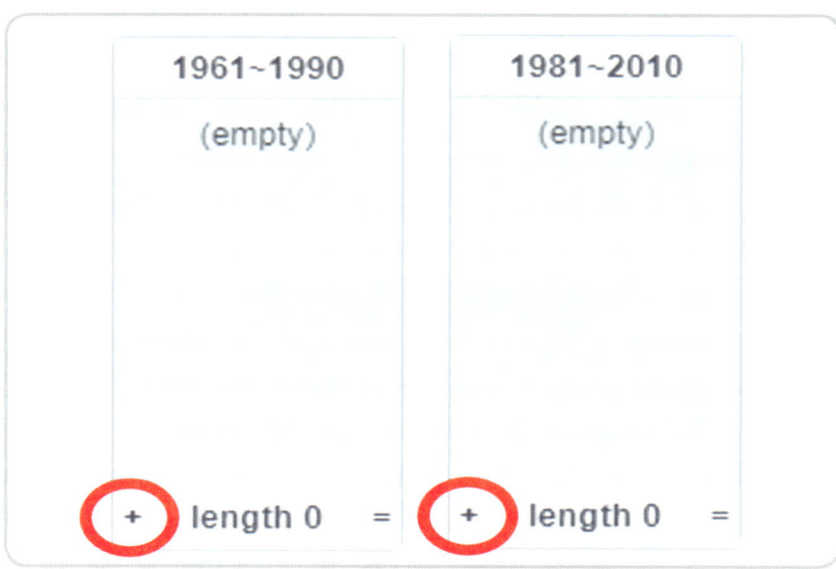

 **STEP 1** [장치] - 사이버파이를 블록 코딩하겠습니다.
초록색 깃발을 클릭했을 때, 기본 설정 및 데이터가 차트로 표현되도록 블록 코딩합니다.

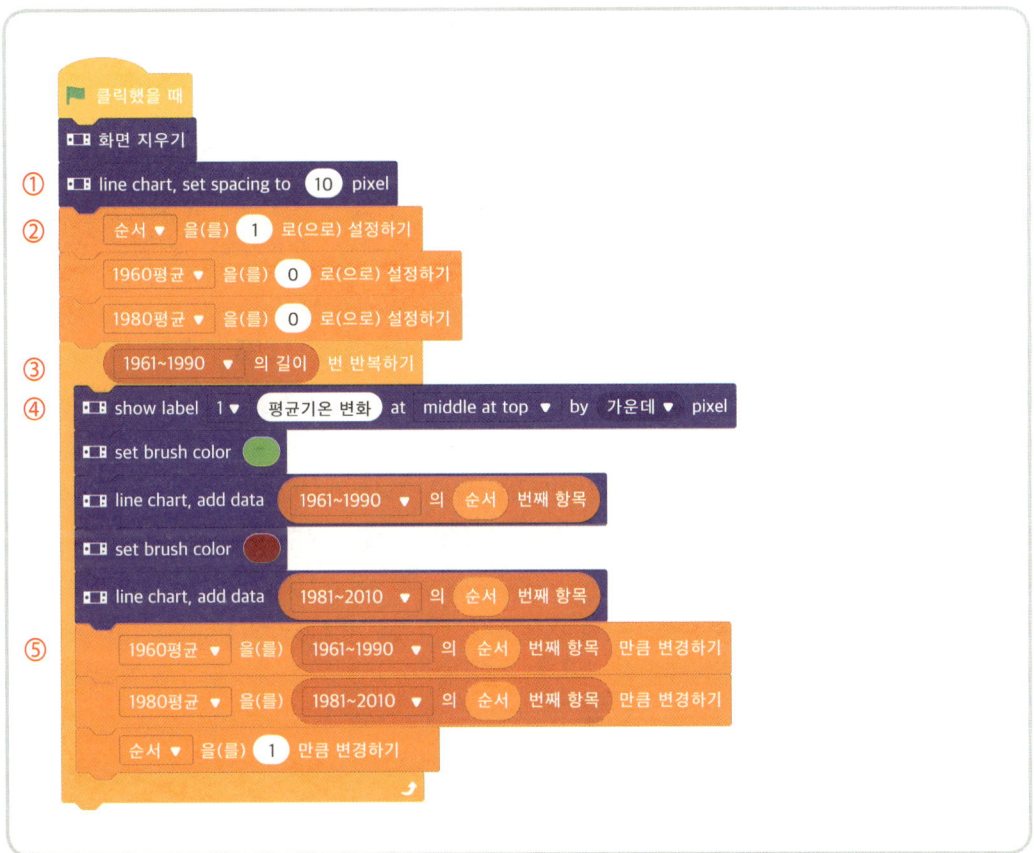

① 꺾은선형 차트에서 각 데이터들의 간격을 '10' 픽셀로 설정합니다.
② 리스트의 첫번째 항목을 선택하기 위해 값을 1로 설정합니다.
③ 1월부터 12월까지 총 12번을 반복하도록 설정합니다.
④ '평균기온 변화' 문구를 사이버파이 화면 위쪽 가운데에 보통 크기로 표시합니다.
　1961~1990의 값은 초록색, 1981~2010의 값은 빨간색으로 표시되도록 색상을 설정합니다.
⑤ 평균값을 구하기 위해 1월부터 12월까지 기온을 모두 더하도록 설정합니다.

03. 코드 작성 하기

STEP 1 [장치] - [사이버파이]를 블록 코딩하겠습니다.
A 버튼을 눌렀을 때, 사이버파이 화면에 각 평균 값을 표시하도록 코딩합니다.

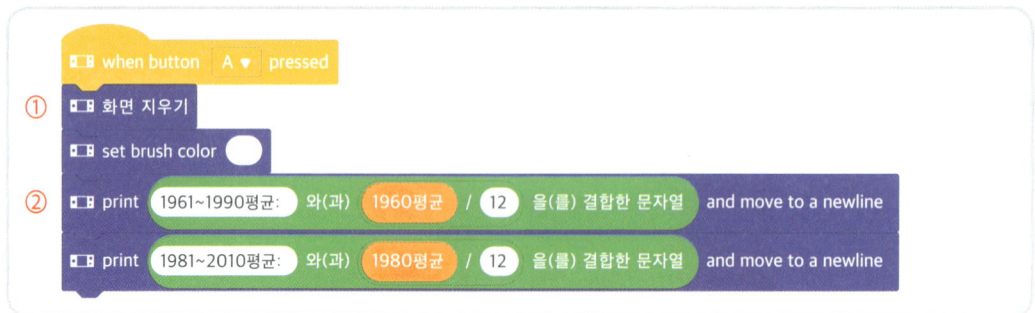

① 사이버파이 화면을 지우고, 글자 색상을 흰색으로 설정합니다.
② 1월부터 12월까지 모두 더했으므로 12로 나누어 평균 값을 구하고, 사이버파이 화면에 표시하도록 설정합니다.

STEP 2 [스프라이트]를 블록 코딩하겠습니다.
초록 깃발을 클릭했을 때, 꺾은선형 차트가 그려지도록 코딩합니다.

① 열려있는 데이터를 지우도록 설정합니다.
② 데이터 차트 창을 열도록 설정합니다.
③ 차트 제목을 '기후변화'로 설정합니다.
④ 표시할 차트 종류를 '꺾은선형 차트'로 설정합니다.
⑤ X축은 '월', Y축은 '평균기온'으로 이름을 설정합니다.
⑥ 1월부터 12월까지 반복하여 데이터를 표시할 수 있도록 설정합니다.

04. 완성 코드 확인하기

완성된 코드

사이버파이

```
[클릭했을 때]
화면 지우기
line chart, set spacing to 10 pixel
순서 을(를) 1 로(으로) 설정하기
1960평균 을(를) 0 로(으로) 설정하기
1980평균 을(를) 0 로(으로) 설정하기
1961~1990 의 길이 번 반복하기
    show label 1 평균기온 변화 at middle at top by 가운데 pixel
    set brush color (초록)
    line chart, add data 1961~1990 의 순서 번째 항목
    set brush color (갈색)
    line chart, add data 1981~2010 의 순서 번째 항목
    1960평균 을(를) 1961~1990 의 순서 번째 항목 만큼 변경하기
    1980평균 을(를) 1981~2010 의 순서 번째 항목 만큼 변경하기
    순서 을(를) 1 만큼 변경하기

[when button A pressed]
화면 지우기
set brush color (흰색)
print 1961~1990평균: 와(과) 1960평균 / 12 을(를) 결합한 문자열 and move to a newline
print 1981~2010평균: 와(과) 1980평균 / 12 을(를) 결합한 문자열 and move to a newline
```

스프라이트

```
[클릭했을 때]
데이터 지우기
데이터 차트 창 열기
차트 제목 설정 기후변화
차트 종류 설정 꺾은선형 차트
축 이름 설정:x 월 Y 평균기온
순서 을(를) 1 로(으로) 설정하기
1961~1990 의 길이 번 반복하기
    입력 데이터를 1961~1990 : x 순서 Y 1961~1990 의 순서 번째 항목
    입력 데이터를 1981~2010 : x 순서 Y 1981~2010 의 순서 번째 항목
    순서 을(를) 1 만큼 변경하기
```

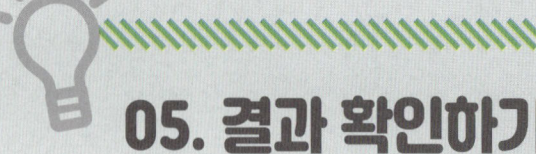

05. 결과 확인하기

사이버파이를 C-type USB를 이용하여 라이브 모드로 연결합니다.
초록색 깃발을 클릭하면 사이버파이 화면에 그래프가 출력됩니다.
A 버튼을 누르면 평균 값이 표시됩니다.
스프라이트에서 데이터 차트창도 확인해보세요.

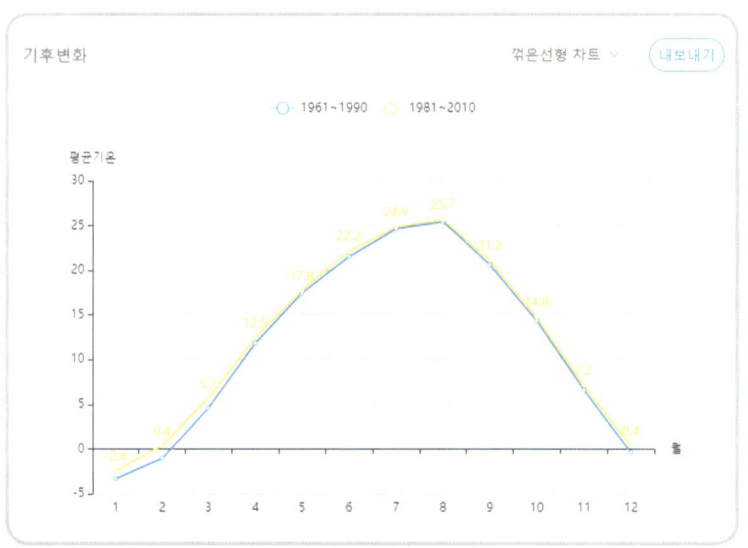

17 Basic

CyberPi 블록 코딩
방향 맞추기 게임

학 습 목 표

1. 사이버파이의 조이스틱을 사용하여 방향 게임 프로젝트를 만들 수 있습니다.

2. mBlock5에서 리스트와 변수를 만들어 프로젝트에 활용할 수 있습니다.

01. 프로젝트 미리 보기

게임은 우리가 쉽게 생각하는 컴퓨터 게임부터 비디오 게임, 보드 게임 등 다양한 게임이 존재합니다.

이러한 게임들의 공통점은 규칙이 존재한다는 것입니다.

사이버파이의 다양한 기능과 센서를 활용하여 규칙을 정하고, 게임을 만들 수 있습니다.

이번 게임은 사이버파이의 화면에 제시된 명령에 따라 조이스틱을 시간 내에 움직이는 게임입니다.

설정된 시간 내에 명령된 방향으로 움직이면 성공 그렇지 않으면 실패입니다.

02. 프로젝트 기초 학습 하기

중요블록 보기

블록 카테고리		블록 기능
관찰	조이스틱 pulled↑ ?	조이스틱이 지정된 방향으로 움직였는지 확인할 수 있습니다. 조이스틱 방향은 5방향으로 설정할 수 있습니다.
이벤트	성공 을(를) 받았을 때 실패 을(를) 받았을 때	방향 맞추기 성공 또는 실패에 따라 메시지를 받고, 점수 변수를 바꿀 수 있는 블록입니다.
변수	리스트 만들기 방향	리스트 만들기를 클릭하고, 입력 데이터를 작성 할 수 있는 리스트 '방향'을 만들어 줍니다. 조이스틱 위, 아래, 왼쪽, 오른쪽 방향을 지정할 수 있습니다.
	점수	획득 점수를 저장할 변수
	제출 문제 수	종료까지 제출된 문제 수를 저장할 변수
	지정번호	문제를 위한 난수를 저장할 변수
	설정시간	허용 시간을 저장할 변수

03. 코드 작성 하기

 사이버파이가 켜졌을 때, 리스트에 방향을 설정합니다.

① '방향' 리스트 안에 있는 모든 아이템을 삭제합니다.
② '방향' 리스트에 네 방향을 추가합니다.

 A 버튼을 눌렀을 때, 변수를 설정하고 메시지를 보낼 수 있도록 코딩합니다.

① A 버튼을 눌렀을 때, '점수', '제출 문제 수', '설정시간' 변수의 초기 값을 설정합니다.
② '지정번호' 변수는 1~4 사이의 숫자가 랜덤하게 나오도록 설정합니다.
③ 사이버파이 화면에 지정번호에 따라 위, 아래, 왼쪽, 오른쪽이 무작위로 표시되도록 설정합니다.
④ 결과확인 메시지를 보내고, 메시지를 받은 블록이 모두 실행 될 때까지 기다립니다.

인공지능 파이썬&블록코딩

STEP 3 메시지를 받았을 때, 게임이 실행되도록 블록 코딩합니다.

① 결과확인 ▼ 을(를) 받았을 때
　　제출 문제 수 ▼ 을(를) 1 만큼 변경하기
　　타이머 초기화
② 타이머 (초) > 설정시간 이(가) 참일 때까지 반복하기
③ 만약 지정번호 = 1 이(가) 참이면
　　만약 조이스틱 pulled↑ ? 이(가) 참이면
④ 　　성공 ▼ 을(를) 보내기
　　　stop 이 스크립트 ▼

　만약 지정번호 = 2 이(가) 참이면
　　만약 조이스틱 pulled↓ ? 이(가) 참이면
　　　성공 ▼ 을(를) 보내기
　　　stop 이 스크립트 ▼

　만약 지정번호 = 3 이(가) 참이면
　　만약 조이스틱 pulled← ? 이(가) 참이면
　　　성공 ▼ 을(를) 보내기
　　　stop 이 스크립트 ▼

　만약 지정번호 = 4 이(가) 참이면
　　만약 조이스틱 pulled→ ? 이(가) 참이면
　　　성공 ▼ 을(를) 보내기
　　　stop 이 스크립트 ▼

⑤ 실패 ▼ 을(를) 보내기

03. 코드 작성 하기

① 메시지를 받았을 때, 문제가 출제되었으므로 '제출 문제 수' 변수를 1변경합니다.
② 설정시간(1초) 이내에 문제에 답변을 하도록 설정합니다.
③ '지정번호'가 1일 때(방향리스트의 첫 번째 항목=위로), 조이스틱을 위로 움직였는지 확인하도록 설정합니다.
④ 조이스틱을 위로 움직였다면 성공 메시지를 보낸 뒤, 블록 재생을 멈춥니다.
⑤ 제한시간(1초) 내에 문제를 풀지 못했거나 틀린 답을 입력할 경우 '실패' 메시지를 보냅니다.

 STEP 4 각 메시지를 받았을 때, 점수를 변경하고 사이버파이 LED를 점등시킵니다.

① 메시지를 받았을 때, 점수를 1점 추가하고 LED를 파란색으로 켜도록 설정합니다.
② 실패 메시지를 받았을 때, 점수를 1점 감점하고 LED를 빨간색으로 켜도록 설정합니다.

 STEP 5 B 버튼을 눌렀을 때, 결과가 화면에 표시 되도록 코딩합니다.

① B 버튼을 눌렀을 때, 위 스크립트를 제외한 다른 스크립트의 블록 재생을 멈추도록 설정합니다.
② 제출 문제 수와 현재 점수를 사이버파이 화면에 표시하도록 설정합니다.

04. 완성 코드 확인하기

> 완성된 코드

① when CyberPi starts up
모두 삭제 방향 ▼
방향 ▼ 에 위로 항목을(를) 추가하기
방향 ▼ 에 아래 항목을(를) 추가하기
방향 ▼ 에 왼쪽 항목을(를) 추가하기
방향 ▼ 에 오른쪽 항목을(를) 추가하기

② when button A ▼ pressed
점수 ▼ 을(를) 0 로(으로) 설정하기
제출 문제 수 ▼ 을(를) 0 로(으로) 설정하기
설정시간 ▼ 을(를) 1 로(으로) 설정하기
계속 반복하기
　지정번호 ▼ 을(를) 1 부터 4 사이 임의의 수 로(으로) 설정하기
　화면 지우기
　print 방향 ▼ 의 지정번호 번째 항목
　결과확인 ▼ 을(를) 보내고 기다리기

③ 결과확인 ▼ 을(를) 받았을 때
제출 문제 수 ▼ 을(를) 1 만큼 변경하기
타이머 초기화
타이머 (초) > 설정시간 이(가) 참일 때까지 반복하기
　만약 지정번호 = 1 이(가) 참이면
　　만약 조이스틱 pulled↑ ▼ ? 이(가) 참이면
　　　성공 ▼ 을(를) 보내기
　　　stop 이 스크립트 ▼

　만약 지정번호 = 2 이(가) 참이면
　　만약 조이스틱 pulled↓ ▼ ? 이(가) 참이면
　　　성공 ▼ 을(를) 보내기
　　　stop 이 스크립트 ▼

　만약 지정번호 = 3 이(가) 참이면
　　만약 조이스틱 pulled← ▼ ? 이(가) 참이면
　　　성공 ▼ 을(를) 보내기
　　　stop 이 스크립트 ▼

　만약 지정번호 = 4 이(가) 참이면
　　만약 조이스틱 pulled→ ▼ ? 이(가) 참이면
　　　성공 ▼ 을(를) 보내기
　　　stop 이 스크립트 ▼

실패 ▼ 을(를) 보내기

04. 완성 코드 확인하기

④
- 성공 을(를) 받았을 때
- 점수 을(를) 1 만큼 변경하기
- LED 모든 ▼ displays ●

- 실패 을(를) 받았을 때
- 점수 을(를) -1 만큼 변경하기
- LED 모든 ▼ displays ●

⑤
- when button B ▼ pressed
- stop 스프라이트에 있는 다른 스크립트 ▼
- 화면 지우기
- print 제출 문제 수는: 와(과) 제출 문제 수 을(를) 결합한 문자열 and move to a newline
- print 현재 점수는: 와(과) 점수 을(를) 결합한 문자열 and move to a newline

05. 결과 확인하기

사이버파이를 C-type USB를 이용하여 업로드 모드로 연결합니다.
업로드를 클릭하고, 업로드가 완료되면 프로그램이 실행됩니다.
A 버튼을 누르면 게임이 시작되고, 문제를 맞추면 파란색 LED가 켜지고 문제를 틀리면 빨간색 LED가 켜집니다.
B 버튼을 누르면 결과를 확인할 수 있습니다.

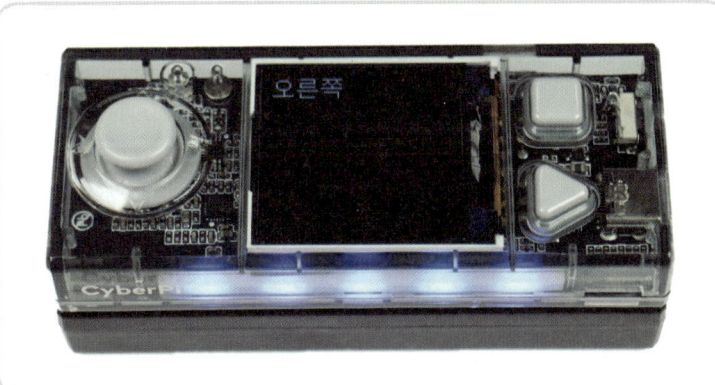

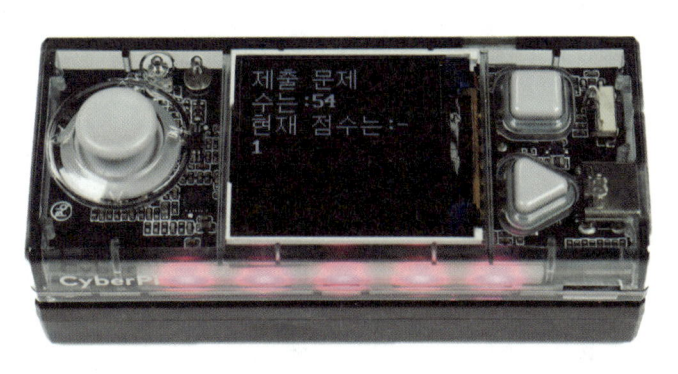

<부록 1>

Value	Note	Value	Note	Value	Note
0	C-1	43	G2	86	D6
1	C#-1	44	G#2	87	D#6
2	D-1	45	A2	88	E6
3	D#-1	46	A#2	89	F6
4	E-1	47	B2	90	F#6
5	F-1	48	C3	91	G6
6	F#-1	49	C#3	92	G#6
7	G-1	50	D3	93	A6
8	G#-1	51	D#3	94	A#6
9	A-1	52	E3	95	B6
10	A#-1	53	F3	96	C7
11	B-1	54	F#3	97	C#7
12	C0	55	G3	98	D7
13	C#0	56	G#3	99	D#7
14	D0	57	A3	100	E7
15	D#0	58	A#3	101	F7
16	E0	59	B3	102	F#7
17	F0	60	C4	103	G7
18	F#0	61	C#4	104	G#7
19	G0	62	D4	105	A7
20	G#0	63	D#4	106	A#7
21	A0	64	E4	107	B7
22	A#0	65	F4	108	C8
23	B0	66	F#4	109	C#8
24	C1	67	G4	110	D8
25	C#1	68	G#4	111	D#8
26	D1	69	A4	112	E8
27	D#1	70	A#4	113	F8
28	E1	71	B4	114	F#8
29	F1	72	C5	115	G8
30	F#1	73	C#5	116	G#8
31	G1	74	D5	117	A8
32	G#1	75	D#5	118	A#8
33	A1	76	E5	119	B8
34	A#1	77	F5	120	C9
35	B1	78	F#5	121	C#9
36	C2	79	G5	122	D9
37	C#2	80	G#5	123	D#9
38	D2	81	A5	124	E9
39	D#2	82	A#5	125	F9
40	E2	83	B5	126	F#9
41	F2	84	C6	127	G9
42	F#2	85	C#6		

[부록2-1] 사이버파이 숫자 소리 값

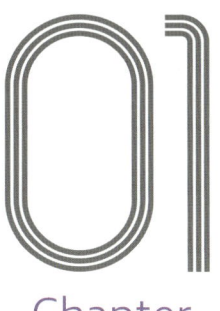

CyberPi 파이썬 코딩
변수와 입출력

Chapter

- 변수는 어떠한 값을 저장하는 메모리 공간입니다.
- 변수 선언은 그릇을 준비하는 것과 같으며, 처리할 자료나 결과값을 보관하는 공간입니다.
- 정수형, 실수형, 문자열을 가장 많이 사용합니다.
- input()함수 및 print()함수를 이용하여 숫자나 문자를 입력하거나 출력할 수 있습니다.
- 실습 환경은 mBlock 파이썬 에디터를 사용합니다.

학습 내용

1. 변수의 선언 및 사용방법을 이해합니다.
2. print()함수를 이용하여 변수를 출력해 봅니다.
3. input()함수를 이용하여 문자열 및 숫자를 입력해 봅시다.

사이버파이 실습 내용

1. 사이버파이 LED 밝기 조절
2. 주파수를 이용하여 부저 소리내기
3. 계산결과를 LCD에 나타내기

01. 변수의 선언과 사용

변수란 음식을 만들 때 음식 재료와 완성된 음식을 담을 그릇이 필요합니다. 프로그램도 문제를 해결하기 위해 처리할 자료나 결과값을 보관하는 공간이 필요한데 이를 변수라고 합니다.

그릇=변수

변수에 정수형 값을 넣고 싶다면 다음과 같이 선언합니다.

```
    x   =   100
  변수명   대입할 값
```

변수[x]에 정수[100] 을 [=]대입 또는 저장한다 라는 의미입니다.
변수에 값을 저장하는 것을 [대입한다]라고 표현하고 [=]기호를 사용합니다.
변수는 처음 값을 대입했을 때 만들어집니다. [변수명 = 대입할 값]으로 쓰고 변수를 만드는 것을 [변수를 정의하고 초기화 한다]라고 합니다.
변수는 문자열도 저장합니다. 문자열을 저장하기 위해서 큰 따옴표 또는 작은 따옴표를 사용합니다.

```
    y   =   "hello"
    y   =   'hello'
```

02. print( )함수를 활용한 변수 출력

print()함수를 이용하면 변수를 출력 할 수 있습니다. print()에서 콤마 ' , '를 이용하면 화면에 여러 개의 값과 문자열을 연결하여 한 번에 출력할 수 있습니다.

실습 예제

x는 100 y는 50을 저장하고 빼기의 결과를 print()함수를 이용하여 나타내는 프로그램을 만들어 보겠습니다.

```
1  x = 100
2  y = 50
3  sub = x - y
4  print( x, "과", y, "의 빼기의 결과는", sub , "입니다.")
```

1 [x]변수를 만들고 100을 저장합니다.
2 [y]변수를 만들고 50을 저장합니다.
3 [sub]변수를 만들고 [x - y]연산 결과값을 저장합니다.
4 print( ) 함수를 이용하여 결과를 출력합니다. 변수와 문자는 [,]로 구분하고, 출력할 문자는 큰 따옴표 [" "] 또는 작은 따옴표 [' ']를 사용하여 표시합니다.

실행 결과

[Run]을 클릭하여 프로그램을 실행시킵니다.

콤마로 구분된 변수와 문자가 연결되어 출력됩니다.

03. input( )함수를 활용한 문자열 입력

사용자로 부터 어떠한 값을 입력 받아 프로그램을 실행 시키고자 한다면 input()함수를 이용하여 키보드를 통해 숫자 및 문자를 입력 받을 수 있습니다.
사용자는 input()함수에서 요구하는 적절한 값을 입력하고 엔터키를 눌러 입력을 종료합니다. input()함수는 입력 받은 값을 모두 문자열로 저장합니다.

a 변수에 input()함수를 이용하여 20을 입력해 봅니다.

```
1  a = input("숫자입력:")
2  print(a)
3  print(type(a))
```

1. a 변수를 만들고 input함수를 이용하여 문자를 입력 받습니다.
2. print 함수를 이용하여 변수 a를 출력합니다.
3. a 변수의 자료형(data type)을 확인하기 위해 type()함수를 이용해서 a의 자료형을 출력합니다.

1. [숫자 입력:] 문자가 출력되면 20을 입력하고 엔터를 누릅니다.
2. 변수 a에 20이 저장된 것을 확인할 수 있습니다.
3. type()함수로 확인한 a변수 값 20의 자료형은 'str'로 문자형입니다.

04. input( )함수를 활용한 숫자 입력

input()함수를 이용하여 키보드를 통해 숫자 및 문자를 입력 받을 수 있습니다. 하지만 저장되는 값은 모두 문자열입니다. 만약에 숫자의 연산이 필요하다면 문자를 숫자로 바꿔야 할 필요가 있습니다, 이를 형변환(casting)이라 하며 정수로의 변환은 int(), 실수로의 변환은 float()함수를 사용합니다.
정수를 입력 받기 위해서는 다음과 같이 작성하면 됩니다.

a = int(input(" 정수를 입력하세요: "))

실수를 입력 받기 위해서는 다음과 같이 작성하면 됩니다. float()함수를 통해 입력된 문자열을 실수로 변환합니다.

b = float(input("실수를 입력하세요:"))

input함수로 입력 받은 값을 곱하기 연산하여 결과를 확인하는 프로그램을 만들어 봅시다.

```
1  x = input("정수를 입력하세요:")
2  y = int(x)
3  mul1 = x * 5
4  mul2 = y * 5
5  print(mul1)
6  print(mul2)
```

1. input( )함수로 정수를 입력 받아 변수x에 저장합니다.(문자형으로 저장됨)
2. 변수 x값을 정수형으로 형변환하여 변수 y에 저장합니다.
3. 변수 mul1에 x * 5 결과를 저장합니다.
4. 변수 mul2에 y * 5 결과를 저장합니다.
5 ~ 6. print()함수로 mul1, mul2 값을 출력합니다.

input()함수로 입력 받은 8은 산술연산이 되지 않고, 형변환 후에는 정상적인 연산결과를 확인할 수 있습니다.(파이썬에서 문자를 곱하기 연산하면 곱한 수만큼 문자가 출력됩니다.)

사이버파이 사용하기
05. Cyberpi 라이브러리 설치

1. mBlok 화면 우측 상단에 있는 파이썬 에디터 를 클릭하여 파이썬 에디터를 실행합니다.

2. 실행된 파이썬에디터의 상단 메뉴바 중 Libraries 를 클릭하여 등록된 라이브러리 중 cyberpi를 install을 클릭하여 설치합니다.

cyberpi (0.0.5)
Cyberpi is a Python library used to connect to the device CyberPi and program it. This library can be used to create programming and hareware projects.

3. 모듈(라이브러리)이란 변수, 함수, 클래스 등을 모아 놓은 스크립트 파일이고, 여기서는 사이버파이를 사용하기 위한 파일들의 집합입니다.

4. 작성하는 코딩에 모듈을 포함하기 위한 방법은 두 가지가 있습니다.
   ① import 모듈명 : 모듈의 전체 파일을 포함합니다.
   ② from 모듈명 import 함수 또는 클래스 : 모듈 내용 중 필요한 함수 또는 클래스만 포함합니다. 사용방법은 다음과 같습니다.

   (사용예1)
   ```
   import  cyberpi                   # cyberpi 모듈 전체를 첨부합니다.
   cyberpi.led.on(255,0,0,"all")     # 모듈명을 기재 하여야 합니다.
   ```

   (사용예2)
   ```
   from  cyberpi  import  led        # 모듈에서 led 관련 라이브러리만 첨부합니다.
   led.on(255,0,0,"all")             # 모듈명을 생략합니다.
   ```

   (사용예3)
   ```
   from  cyberpi  import *           # 모듈내의 모든 파일을 첨부합니다.
   led.on(255,0,0,"all")             # 모듈명을 생략합니다.
   ```

사이버파이 실습1
06. 사이버파이 LED 밝기 조절

사이버파이에는 5개의 LED가 내장되어 있으며, LED를 제어할 수 있는 함수를 제공합니다. 변수의 대입을 이용하여 1번 LED부터 5번 LED까지 1초 간격으로 빨간색 LED가 밝게 켜지는 파이썬 코딩을 해봅시다.

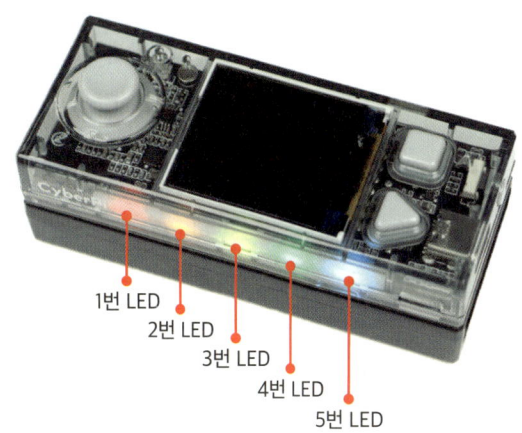

1번 LED
2번 LED
3번 LED
4번 LED
5번 LED

 실습 예제

```
1  import time, cyberpi
2  LED1=50
3  LED2=100
4  LED3=150
5  LED4=200
6  LED5=250
7
8  cyberpi.led.on(LED1, 0, 0, 1)
9  cyberpi.sleep(1)
10 cyberpi.led.on(LED2, 0, 0, 2)
11 cyberpi.sleep(1)
12 cyberpi.led.on(LED3, 0, 0, 3)
13 cyberpi.sleep(1)
14 cyberpi.led.on(LED4, 0, 0, 4)
15 cyberpi.sleep(1)
16 cyberpi.led.on(LED5, 0, 0, 5)
```

1. time과 cyberpi 모듈을 import 모듈명 형태로 불러 왔기 때문에 이후 time과 cyberpi모듈에 정의된 함수 또는 클래스등을 사용하기 위해서는 [모듈명.함수] 형태로 어디에 속하는 함수 또는 클래스 여부를 마침표(.)를 사용하여 표시해 주어야 합니다.

2~6. LED1, LED2, LED3, LED4, LED5변수를 만들고, 정수형 변수 50, 100, 150, 200, 250 값을 대입합니다.

사이버파이 실습1
06. 사이버파이 LED 밝기 조절

8. cyberpi.led.on(r,g,b,n)함수를 이용하여 1번 LED만 빨간색을 50의 밝기로 켭니다. r는 빨간색 g는 녹색 b는 파란색을 켤 수 있는 매개변수로 각각 0~255의 값을 입력할 수 있습니다. n는 LED의 번호입니다.
9. time.sleep()함수를 이용하여 시간을 지연합니다. 1은 1초를 의미합니다.
10~16. LED2~LED5번까지 1초 간격으로 2번 LED를 100, 3번 LED를 150, 4번 LED를 200, 5번 LED를 250의 밝기로 빨간색 LED를 켠후 프로그램을 종료합니다.

[Upload]하여 사이버파이를 실행시킵니다.

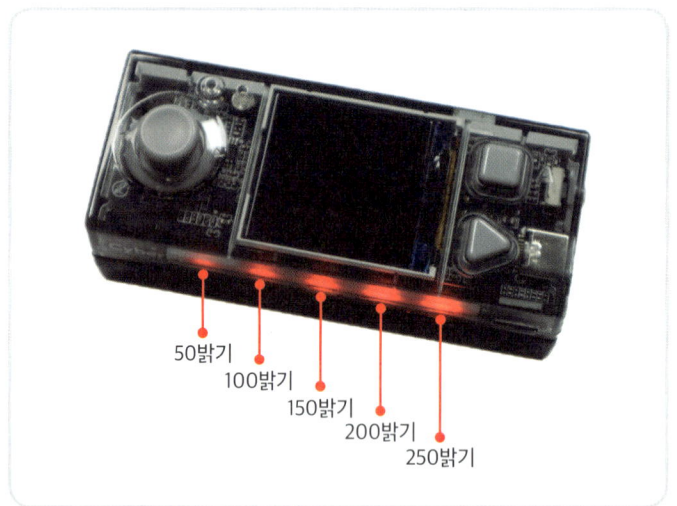

1번 LED부터 5번 LED까지 50 > 100 > 150 > 200 > 250의 밝기로 1초 간격으로 켜지는 것을 확인할 수 있습니다.

사이버파이 실습2
07. 주파수를 이용하여 스피커 소리내기

사이버파이에 내장된 스피커를 이용하여 도, 레, 미, 파, 솔, 라, 시, 도의 4옥타브 음계를 1초 간격으로 출력하는 프로그램을 만들어 봅시다.

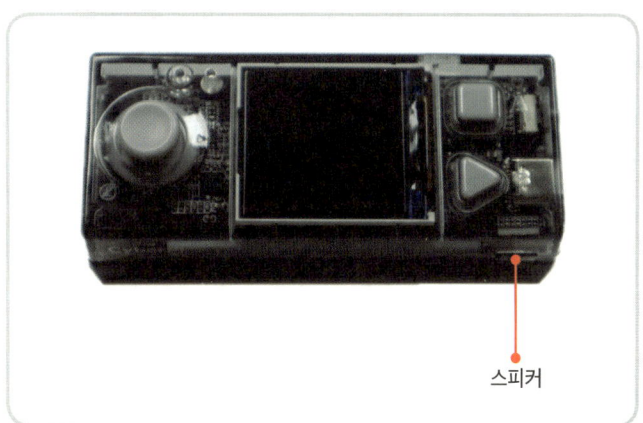

스피커

다음 표는 1~8옥타브의 음계에 따른 주파수 값을 나타내고 있습니다. 이 값을 스피커 제어 함수 audio.play_tone(a, b)의 매개변수 a에 정수형으로 입력하고 b는 소리내는 시간을 초 단위로 입력합니다.

(단위 : Hz)

음계\옥타브	1	2	3	4	5	6	7	8
C(도)	32.7032	65.4064	130.8128	261.6256	523.2511	1046.502	2093.005	4186.009
C#	34.6478	69.2957	138.5913	277.1826	554.3653	1108.731	2217.461	4434.922
D(레)	36.7081	73.4162	146.8324	293.6648	587.3295	1174.659	2349.318	4698.636
D#	38.8909	77.7817	155.5635	311.1270	622.2540	1244.508	2489.016	4978.032
E(미)	41.2034	82.4069	164.8138	329.6276	659.2551	1318.510	2637.020	5274.041
F(파)	43.6535	87.3071	174.6141	349.2282	698.4565	1396.913	2793.826	5587.652
F#	46.2493	92.4986	184.9972	369.9944	739.9888	1479.978	2959.955	5919.911
G(솔)	48.9994	97.9989	195.9977	391.9954	783.9909	1567.982	3135.963	6271.927
G#	51.9130	103.8262	207.6523	415.3047	830.6094	1661.219	3322.438	6644.875
A(라)	55.0000	110.0000	220.0000	440.0000	880.0000	1760.000	3520.000	7040.000
A#	58.2705	116.5409	233.0819	466.1638	932.3275	1864.655	3729.310	7458.620
B(시)	61.7354	123.4708	246.9417	493.8833	987.7666	1975.533	3951.066	7902.133

<주파수별 음계표>

사이버파이 실습2
07. 주파수를 이용하여 스피커 소리내기

실습 예제

```
1  import cyberpi
2  ldo = 261
3  re = 293
4  mi = 329
5  pa = 349
6  sol = 391
7  ra = 440
8  si = 493
9  hdo = 523
10 cyberpi.audio.play_tone(ldo, 1)
11 cyberpi.audio.play_tone(re, 1)
12 cyberpi.audio.play_tone(mi, 1)
13 cyberpi.audio.play_tone(pa, 1)
14 cyberpi.audio.play_tone(sol, 1)
15 cyberpi.audio.play_tone(ra, 1)
16 cyberpi.audio.play_tone(si, 1)
17 cyberpi.audio.play_tone(hdo, 1)
```

1. 사이버파이 기능을 사용하기 위한 cyberpi 모듈을 불러옵니다.

2 ~9. 4옥타브의 도부터 5옥타브의 도까지 ldo, re, mi, pa, sol, ra, si, hdo 변수를 만들고 음계주파수 표를 이용하여 주파수 값을 정수형으로 대입합니다.

10~17. cyberpi.audio.play_tone(a,b)함수를 이용하여 a에는 주파수값, b는 1초동안 재생을 하기 위해 1을 입력합니다.

사이버파이 실습3
08. 계산결과를 LCD에 나타내기

변수를 이용하여 덧셈, 뺄셈, 곱셈, 나눗셈의 몫과 나머지의 결과를 LCD 화면에 표시하는 프로그램을 만들어 봅시다.

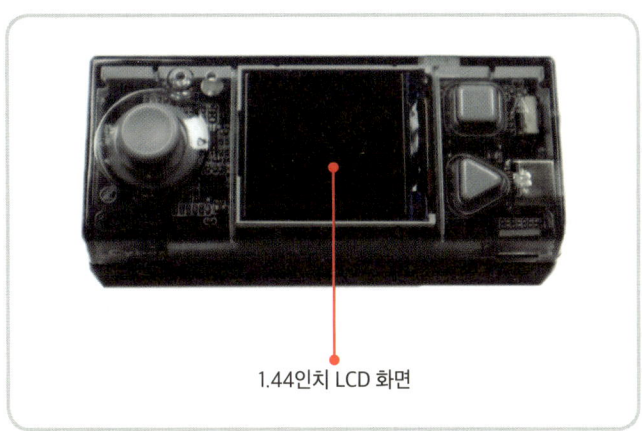

1.44인치 LCD 화면

파이썬은 대표적으로 다음과 같은 산술연산자를 제공합니다.

연산자	기호	사용예	결과값
더하기	+	7+7	14
빼기	-	7-4	3
곱하기	*	7*4	28
지수(제곱)	**	7**4	2401
나누기	/	7/4	1.75
나누기(몫)	//	7//4	1
나머지	%	7%4	3
대입(할당)	=	x=10	x변수에 10 저장

사이버파이 실습3
08. 계산결과를 LCD에 나타내기

```
1  from cyberpi import*
2  a, b= 10, 4
3  console.print('덧셈:')
4  console.println(a+b)
5  console.print('뺄셈:')
6  console.println(a-b)
7  console.print('곱셈:')
8  console.println(a*b)
9  console.print('몫:')
10 console.println(a//b)
11 console.print('나머지:')
12 console.println(a%b)
```

1. cyberpi 모듈을 불러옵니다.
2. a와 b 변수를 만들고 a에 10, b에 4를 각각 대입합니다.
3. LCD창의 첫번째 라인에 [덧셈:] 문자열이 출력됩니다. print를 사용하였으므로, 줄바꿈을 하지 않고 다음에 오는 문장을 이어서 찍어 줍니다.
4. a와 b를 더한값을 출력합니다. println을 사용하였으므로 출력 후 줄바꿈을 합니다.
5~6. LCD의 두번째 라인에서 [뺄셈:] 문자열이 출력되고 a와 b의 뺄셈 결과가 출력되고 줄바꿈을 합니다.
7~8. LCD의 세번째 라인에서 [곱셈:] 문자열이 출력되고 a와 b의 곱셈 결과가 출력되고 줄바꿈을 합니다.
9~10. LCD의 네번째 라인에서 [몫:] 문자열이 출력되고 a와 b 나눗셈의 몫이 출력되고 줄바꿈을 합니다.
11~12. LCD의 다섯번째 라인에서 [나머지:] 문자열이 출력되고 a와 b 나눗셈의 나머지가 출력되고 줄바꿈을 합니다. 프로그램이 종료됩니다.

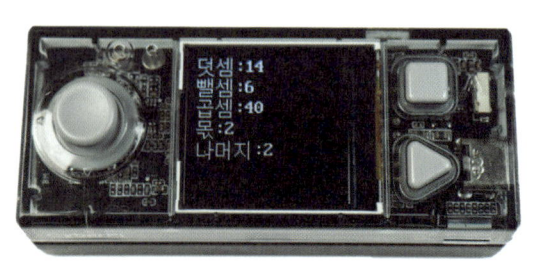

LCD 왼쪽 상단에서부터 덧셈 뺄셈 곱셈 나누기의 몫 나누기의 나머지가 순차적으로 출력되는 것을 확인할 수 있습니다.

02 Chapter

CyberPi 파이썬 코딩
조건문

우리는 생활을 하면서 많은 조건을 따져보고 많은 일을 선택하고 결정합니다. 프로그램에서도 조건에 따라 알맞은 명령을 선택하고 수행하게 됩니다. 만약 이럴때는 이렇게 한다, 그렇지 않으면 이렇게 한다 와 같은 조건을 활용하여 복잡한 동작을 구현할 수 있습니다.

학습 내용

1. 조건문의 구조를 이해합니다.
2. 조건문의 3가지 형태에 대해 학습합니다.

사이버파이 실습 내용

1. 버튼을 이용한 LED 제어
2. 버튼을 이용한 LED 및 소리 출력

01. 프로그램의 기본 구조

컴퓨터에서 조건에 따라 서로 다른 동작을 하게 만드는 것은 중요합니다. 외부 조건에 따라 적절하게 동작하면 문제 해결과정을 쉽게 처리할 수 있습니다.

프로그램은 다음과 같이 3가지의 기본 제어 구조에 따라 일을 처리합니다.
- 순차구조(Sequence) : 명령어들이 순차적으로 실행되는 구조
- 선택구조(Selection) : 둘 중의 하나의 명령을 선택하여 실행되는 구조
- 반복구조(iteration) : 동일한 명령이 반복되면서 실행되는 구조

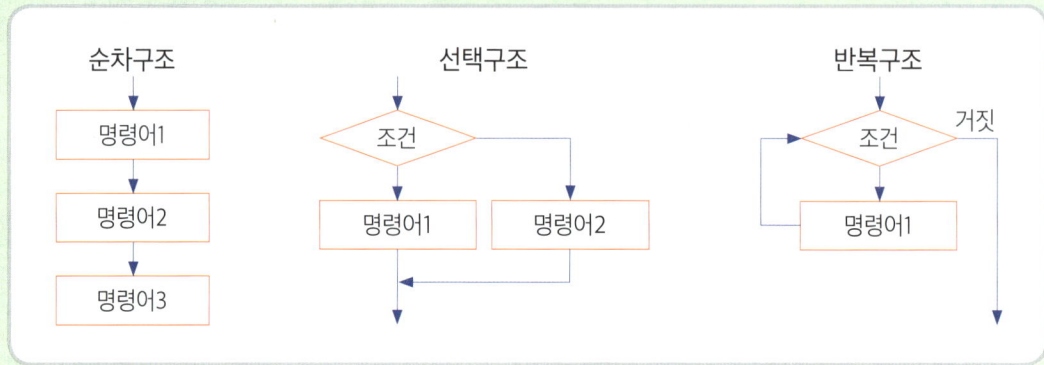

프로그래밍에서 조건을 따지는 방법은 질문(question)한 후에 결정(decision)하는 형태입니다. 만약 조건을 따져서 처리방법을 선택하는 구조가 없다면 프로그램은 항상 동일한 동작만을 되풀이 할 것입니다.

자율주행 자동차 프로그램이 신호등 이나 장애물 또는 갈림길을 만났을 때 상황에 따라서 동작을 다르게 하지 않는다면 문제가 발생합니다. 이처럼 조건을 따지는 형태를 프로그램에서는 선택구조라고 합니다.

02. 조건문 형태

형태1

단순 if문의 형태를 사용할 수 있습니다. "만약에 조건이 참이면 이것을 실행해라"이고 조건문에서 조건식의 결과 값은 True 또는 False입니다. 조건식이 True(참)이면, 명령어를 실행하고, False(거짓)인 경우 명령어를 실행하지 않습니다.

$$\text{if 조건식 :}$$
$$\longleftrightarrow \text{명령어}$$

조건의 영향을 받는 문장들은 반드시 들여쓰기를 해야 합니다. Tab키 또는 space키로 4칸 들여쓰기를 합니다.

형태2

if ~ else의 형태를 사용할 수 있습니다. 조건식의 참 또는 거짓에 따라 해당하는 명령어1 또는 명령어2를 실행합니다.

```
if 조건식 :
    명령어1
else :
    명령어2
```

조건식이 '참'인 경우 명령어1이 실행되고, '거짓'인 경우 명령어2가 실행됩니다.

형태3

선택해야 하는 조건이 다수인 경우 if ~ elif ~ else의 형태를 사용할 수 있습니다. 만약 조건식1이 거짓이고 조건식2가 참이면 명령어2가 실행되는 형태입니다.

```
if 조건식1 :
    명령어1
elif 조건식2:
    명령어2
else :
    명령어3
```

위의 조건식1, 조건식2가 모두 거짓인 경우 else문의 명령어3이 실행됩니다.

03. 조건문 if, if ~ else, if ~ elif ~ else

if 문을 이용해서 합격 또는 불합격 여부를 출력하는 프로그램을 만들어 봅시다.

```
1   score = int(input("점수:"))
2   if score >= 60:
3       print("합격입니다.")
4   print("수고하셨습니다.")
```

1. score 변수를 만들고 input함수를 이용해서 정수값을 입력 받습니다.
2~3. if 조건문을 이용하여 score 값이 60보다 크거나 같은 경우, print()함수에 의해 [합격입니다.] 문자열이 출력됩니다. 60미만인 경우 조건문이 동작하지 않습니다.
4. if 조건문 실행 후 [수고하셨습니다.] 문자열이 출력됩니다.

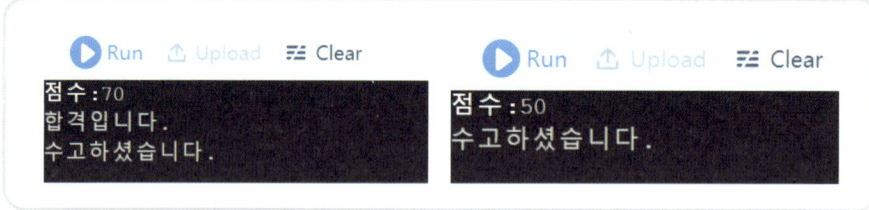

1. "점수" 문자열이 출력 되었을 때 70을 입력하고 엔터를 누른 경우, [합격입니다.] [수고하셨습니다.] 문자열이 출력 됩니다.
2. "점수" 문자열이 출력 되었을 때 50을 입력하고 엔터를 누른 경우, [수고하셨습니다.] 문자열만 출력 됩니다.

실습 예제2

if ~ else 문을 이용해서 합격 또는 불합격 여부를 출력하는 프로그램을 만들어 봅시다.

```python
1  score = int(input("점수:"))
2  if score >= 60:
3      print("합격입니다.")
4  else:
       print("불합격입니다.")
```

<조건식 "참">　　　　　<조건식 "거짓">

실습 예제3

if ~ elif ~ else 문을 이용하여 학점 취득 여부를 판정하는 프로그램을 만들어 봅시다.

```python
1  score = int(input("점수:"))
2  if score >= 90:
3      print("A학점입니다.")
4  elif score >= 80:
5      print("B학점입니다.")
6  elif score >= 70:
7      print("C학점입니다.")
8  else:
9      print("D학점입니다.")
```

<90을 입력한 경우>　　　　　<85를 입력한 경우>

<72를 입력한 경우>　　　　　<50을 입력한 경우>

사이버파이 실습1
04. 버튼을 이용한 LED 제어

사이버파이는 7개의 버튼 기능을 가집니다. 그 중에서 레버버튼을 누르면 빨간색 LED를 켜고 떼면 녹색 LED를 켜는 프로그램을 만들어 봅시다.

```
1  from cyberpi import*
2
3  while True:
4      if controller.is_press('middle'):
5          led.on(255, 0, 0, "all")
6      else:
7          led.on(0, 255, 0, "all")
```

1. cyberpi 모듈의 모든 라이브러리를 불러옵니다.
3. [while True :] 는 무한반복문 입니다. 4~7의 코드를 계속 반복합니다.
4. if 문을 이용해서 레버의 가운데 버튼을 눌렀는가?를 controller.is_press('middle') 함수로 되어 있습니다. 버튼을 누르면 참 누르지 않으면 거짓입니다.
5. 버튼을 눌렀다면 빨간색 LED가 모두 켜집니다.
6. 버튼을 누르지 않았을 경우 실행되는 코드입니다. 녹색LED가 모두 켜집니다.

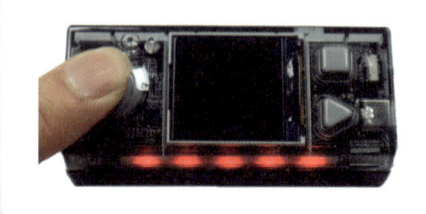
<조이스틱 버튼을 누른경우>

<조이스틱 버튼을 누르지 않은 경우>

사이버파이 조이스틱 버튼을 누른 경우, 빨간색 LED가 모두 켜지고 누르지 않은 경우, 녹색 LED가 모두 켜지는 것을 확인할 수 있습니다.

사이버파이 실습2
05. 버튼을 이용한 LED 및 소리출력

이번에는 if ~ elif ~ else 를 이용하여 3개의 버튼을 입력 받고 LED 및 소리를 출력하는 프로그램을 만들어 봅시다.

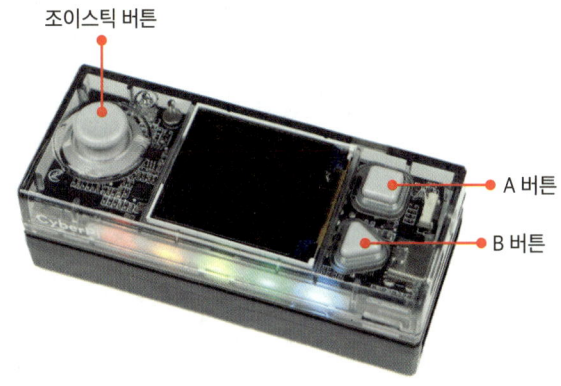

조이스틱 버튼
A 버튼
B 버튼

실습 예제

```python
from cyberpi import*

while True:
    if controller.is_press('middle'):
        led.on(255, 0, 0, "all")
        audio.play('hi')

    elif controller.is_press('a'):
        led.on(0, 255, 0, "all")
        audio.play('bye')

    elif controller.is_press('b'):
        led.on(0, 0, 255, "all")
        audio.play('yeah')

    else:
        led.on(255, 255, 255, "all")
```

4~6. if문을 이용해서 레버의 가운데 버튼을 누르면 모든 LED가 빨간색으로 켜지고 audio.play('hi')함수에 의해 스피커에서 [hi]소리를 출력합니다.

8~10. elif문을 이용하여 만약 A버튼을 누르면, LED가 녹색으로 켜지고 스피커에서 [bye] 소리를 출력합니다.

12~14. elif문을 이용하여 B버튼을 누르면, LED가 파란색으로 켜지고 스피커에서 [yeah]소리를 출력합니다.

16. 아무 버튼을 누르지 않은 경우 else절이 동작하고, 흰색LED가 모두 켜집니다.

실행 결과

조이스틱버튼, A, B버튼을 누른경우 각각의 LED와 소리가 출력되는것을 확인합니다.

03 Chapter

CyberPi 파이썬 코딩
반복문

컴퓨터는 실수 없이 빠르게 반복적인 일을 처리할 수 있습니다. 또한 컴퓨터는 다양한 자료를 유연하게 처리할 수 있습니다. 하지만 우리가 반드시 반복되는 부분을 잘 정리하여 프로그램으로 작성해야만 컴퓨터에게 효과적으로 일을 시킬 수 있습니다.

학습 내용

1. 횟수반복 for에 대해 학습합니다.
2. while문을 사용하여 조건으로 반복하는 방법을 학습합니다.
3. 무한히 반복하는 무한 루프에 대해 학습합니다.
4. 반복문의 흐름을 제어하는 continue, break에 대해 이해합니다.

사이버파이 실습 내용

1. 반복문을 이용한 LED 제어
2. 팩토리얼 계산기
3. 지진감지 알람

01. 횟수반복 for

파이썬 반복에는 횟수반복과 조건반복 2가지 종류가 있습니다. 횟수반복은 반복을 시작하기 전에 반복의 횟수를 미리 아는 경우에 사용합니다. 조건반복은 특정한 조건이 만족되는 동안에 반복을 처리할 경우에 유용합니다.

횟수반복은 for 키워드를 사용하며 사용 형태는 다음과 같습니다.

> for 변수 in (범위 or 리스트 or 튜플 or 문자열) :
>   수행할 문장 1
>   수행할 문장 2
>   ....

실습 예제

범위를 조건문에 사용하는 경우 주로 range()함수를 사용합니다. 그 함수의 구조 range(start, stop, step)의 매개변수 start는 시작값 stop은 종료값 step은 간격입니다. 특히 종료값은 stop - 1 점에 주의해야 합니다.

```
1  for i in range(1, 5, 1):
2      print(i)
```
Run　Upload　Clear
```
1
2
3
4
```

range()함수는 매개변수에 하나를 입력하면 종료값으로 사용되고 start는 0으로, step은 1이 됩니다. 두 개를 입력하면 시작값과 종료값으로 사용되며 이 경우 step은 1이 됩니다.

```
1  for i in range(5):
2      print(i)
```
Run　Upload　Clear
```
0
1
2
3
4
```

 실습 예제

리스트(list)를 사용하는 경우 그 값이 순서대로 in 앞의 변수에 대입 되고 리스트가 가지는 요소의 개수만큼 반복됩니다.

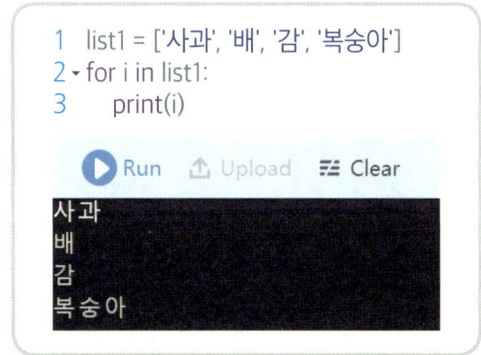

튜플(tuple)은 구조상 리스트와 비슷하여 for 문에서는 리스트와 똑같은 방법으로 사용하면 됩니다.

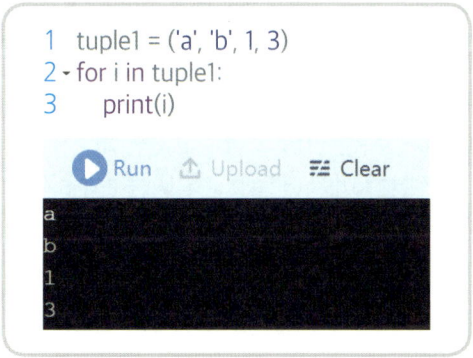

문자열은 공백을 포함하여 순서대로 변수에 대입됩니다.

02. 조건반복 while

조건반복은 어떤 조건이 만족되는 동안 반복하기 때문에 붙여진 이름입니다. 파이썬에서는 조건반복에 'while' 키워드를 사용합니다. 따라서 while 루프라고도 합니다. while 루프는 반복의 횟수는 모르지만 반복의 조건은 알고 있는 경우에 주로 사용하는 반복 구조입니다.

while 조건식 :
실행문

조건반복문으로 비밀번호가 맞으면 문이 열리는 프로그램을 만들어 보겠습니다.

```
1  password = ""
2  while password != "9250":
3      password = input("비밀번호4자리를 입력하세요:")
4  print("문이 열렸습니다.")
```

1. password 변수를 만들고 아무런 문자도 저장되어 있지 않도록 합니다.
2. != 관계 연산자 이며, a != b의 의미는 a와 b가 다른가? 입니다. 다르면 참이고 같으면 거짓입니다. 따라서 3에서 입력된 문자열의 password가 9250과(와) 다르면 참이되어 3을 계속 반복 수행하고, 같으면 거짓이 되어 while 조건반복을 중단하고 4를 수행합니다.

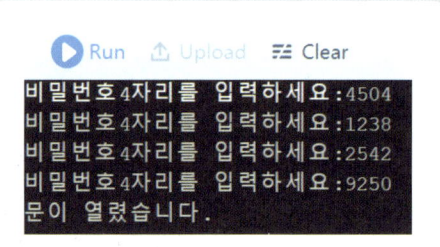

03. 무한반복

파이썬에서 무한반복은 while문을 사용하여 구현되며 무한 루프를 빠져 나올 수 있는 방법을 함께 제시하여야 합니다, 만약 그렇지 않으면 기기를 강제로 종료해야 하는 경우가 발생합니다.

기계의 동작 상태에 따라 [위험]한 경우 동작이 정지되는 프로그램을 만들어 보겠습니다.

```
1  sign = True
2  while sign:
3      emergency = input('기계의 상태를 입력하세요:')
4      if emergency == '위험':
5          sign = False
6  print("동작이 정지 되었습니다.")
```

1. sign 변수를 만들고 True(참)을 대입합니다.
2. while 키워드를 이용하여 sign상태에 따라 반복하게 합니다. 현재 sign의 상태는 True이므로, 3~5의 동작을 반복합니다.
3. input()함수를 이용하여 문자열을 입력받아 emergency 변수에 대입합니다.
4. if 조건문을 이용하여 emergency가 [위험]과 같다면 5를 수행합니다.
5. sign을 False(거짓)으로 대입합니다.
6. sign이 False인 경우 while 반복문을 빠져 나와 print()함수에 의해 [동작이 정지 되었습니다.] 문자열을 출력합니다.

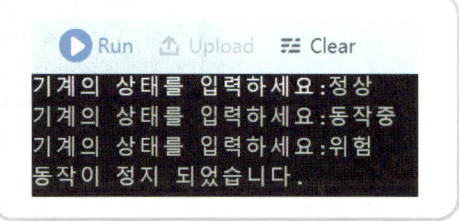

[위험]을 입력하는 경우 emergency가 위험과 같으므로 while 반복문을 빠져나와 [동작이 정지 되었습니다.] 문자열을 출력합니다.

04. break 와 continue

프로그램에서 반복문을 사용하다 보면, 특정 조건에서 반복을 끝내거나 해당 차례는 건너뛰고 다음 차례로 반복을 수행해야 하는 경우가 있습니다. 이것을 반복문의 제어라고 하며, 이 때 사용하는 것이 break와 continue입니다.

break 키워드를 이용하여 무한반복하는 loop 제어문을 빠져나오는 프로그램을 만들어 보겠습니다.

```
1  while True:
2      light = input("신호등의 색상을 입력하세요:")
3      if light == 'red':
4          break
5  print('정지합니다.')
```

1. while 반복문에 True(참)가 있으므로 2~3을 무한 반복합니다.
2. input()함수를 이용하여 문자열을 입력받고 light 변수에 대입합니다.
3. if 조건문을 이용하여 light 변수가 red와 같다면 4를 수행합니다. red와 같지 않다면 2를 다시 수행합니다.
4. break 키워드를 이용하여 while True 무한 반복문을 완전히 빠져나갑니다.
5. print()함수를 통해 [정지합니다]를 출력하고 프로그램이 끝납니다.

실행 결과

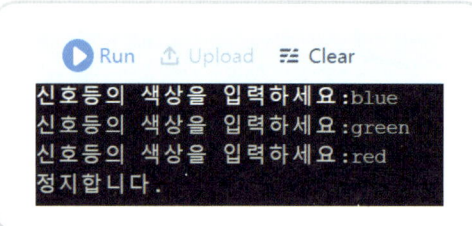

1. 신호등의 색상을 입력하세요 문자열이 출력되고 [blue]를 입력하고 엔터를 누를 경우, 3 조건에 맞지 않으므로 다시 문자열이 출력됩니다. green을 입력하는 경우도 동일합니다.
2. [red]를 입력 하는 경우, 3 조건과 동일하므로 무한 반복문을 빠져나와 [정지합니다.] 문자열 출력 후 프로그램을 종료합니다.

실습 예제2

continue 키워드를 이용하여 특정 조건에서 반복의 나머지 부분은 건너뛰고 처음으로 돌아가 다음 차례의 반복을 수행하는 프로그램을 만들어 봅시다.

```
1  for i in range(10):
2      if i % 2 == 0:
3          continue
4      print(i)
```

1. 변수 i에 0부터 9까지의 값을 순차적으로 저장하면서 반복합니다.
2~3. i를 2로 나눈 나머지가 0인 경우, 즉 짝수인 경우 3의 continue가 수행됩니다. Continue가 수행되면, 4를 수행하지 않고, 처음으로 돌아가 다음 반복을 수행하게 됩니다.
4. i 변수를 출력합니다.

실행 결과

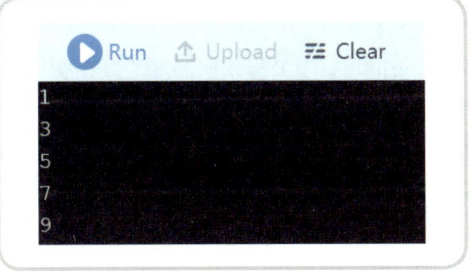

정수 0, 2, 4, 6, 8, 10, 짝수인경우 2로 나누었을 때 나머지가 0이므로, i % 2 == 0 가 참이 됩니다. 따라서 짝수는 표시되지 않고 1, 3, 5, 7, 9 홀수만 출력되고 프로그램이 종료됩니다.

사이버파이 실습1
05. 반복문을 이용한 LED 제어

반복문을 이용하여 사이버파이1, 3, 5번 3개의 LED를 점점 밝게 순차적으로 켜는 프로그램을 만들어 봅시다.

```
1  from time import*
2  from cyberpi import*
3
4  for count1 in range(256):
5      led.on(count1, 0, 0, 1)
6      sleep(0.01)
7
8  for count2 in range(256):
9      led.on(0, count2, 0, 3)
10     sleep(0.01)
11
12 for count3 in range(256):
13     led.on(0, 0, count3, 5)
14     sleep(0.01)
```

4. for문을 이용하여 count1는 0부터 255까지 반복을 하면서 5~6를 반복 수행합니다. 빨간색 LED를 점점 밝게 켭니다.

5. led.on(count1, 0, 0, 1)함수는 led를 제어합니다. 첫번째 count1인자는 빨간색 LED이며, 0부터 시작해서 255까지 대입됩니다. 0일때는 꺼지며, 255일때는 최대 밝기가 됩니다. 두번째(0) 세번째(0) 인자는 녹색과 파란색을 0의 밝기로 한다는 것이며, 4번째 인자 1은 1번째 LED를 의미합니다.

6. time.sleep(0.01)은 0.01초를 지연한다는 의미입니다. 8과 12의 for 문도 같은 경우입니다.

실행 결과

<1번 LED 점점 밝게 켜짐>

<3번 LED 점점 밝게 켜짐>

<5번 LED 점점 밝게 켜짐>

1번 LED가 빨간색으로 점점 밝게 켜진 후, 3번 LED가 녹색으로 점점 밝게 켜지고 5번 LED가 파란색으로 점점 밝게 켜지는 것을 확인할 수 있습니다.

사이버파이 실습2
06. 팩토리얼 계산기

반복문을 이용하여 팩토리얼을 계산하는 프로그램을 만들어 보겠습니다. 레버를 위로 올리면 팩토리얼 입력수가 1씩 증가하고 내리면 1씩 감소하며, 레버스위치를 누를 경우 계산 결과를 출력합니다.

실습 예제

```
1  from cyberpi import*
2  from time import*
3
4  NUMBER = 0
5  FACT = 1
6
7  display.show_label('팩토리얼 계산기', 16, "center", index= 0)
8
9  while True:
10     if controller.is_press('up'):
11         sleep(0.5)
12         NUMBER = NUMBER + 1
13         display.show_label(str('숫자:') + str(NUMBER), 16, "center", index= 0)
14
15     elif controller.is_press('down'):
16         sleep(0.5)
17         NUMBER = NUMBER - 1
18         display.show_label(str('숫자:') + str(NUMBER), 16, "center", index= 0)
19
20     elif controller.is_press('middle'):
21         sleep(0.5)
22         for a in range(1,NUMBER+1):
23             FACT = FACT * a
24         display.show_label(str('계산결과:') + str(FACT), 16, "center", index= 0)
25         FACT = 1
```

1~2. 시간 지연 및 사이버파이 기능을 사용하기 위한 모듈을 불러옵니다.

4~5. 반복문의 변수로 사용될 NUMBER 및 팩토리얼 계산을 위한 FACT 변수를 만들고 각각 0, 1을 대입합니다.

7. 사이버파이의 LCD창에 [팩토리얼 계산기] 문자열이 출력 되도록 글자크기 16으로 LCD의 중앙에 표시되는 함수입니다.

9. while True: 반복문을 통해 10~25코드가 무한 반복합니다.

10. if 조건문을 이용하여 레버를 위로 올린 경우 11~13 코드가 동작합니다.

11. 0.5초를 지연합니다. 이 코드가 없는 경우 12의 코드에서 NUMBER의 숫자가 계속 올라갈 수 있습니다.

12. NUMBER 변수에 1을 더해서 저장합니다.

13. LCD의 중앙에 [숫자:] 문자열과 함께 1증가된 NUMBER 변수가 표시됩니다.
15~18. 레버를 아래로 내렸을 경우, 0.5초가 지연된 후 NUMBER 변수에서 1을 뺀 값을 NUMBER에 대입합니다. LCD창 중앙에 [숫자:] 문자열과 함께 1감소된 NUMBER 변수가 표시됩니다.
20. 레버버튼을 누른 경우 0.5초 지연 후 22~25코드를 실행합니다.
22. 반복문을 이용하여 a값이 1부터 NUMBER 값이 증가하면서 23를 반복 수행합니다.
23. FACT 변수에 FACT와 a값이 곱한 값을 대입합니다. a는 1부터 NUMBER까지 차례대로 증가하여, FACT와 곱해지고 그 값이 다시 FACT에 저장됩니다.
24. LCD의 중앙에 [계산결과:] 문자열과 팩토리얼 계산 결과인 FACT 변수가 출력됩니다.

 실행 결과

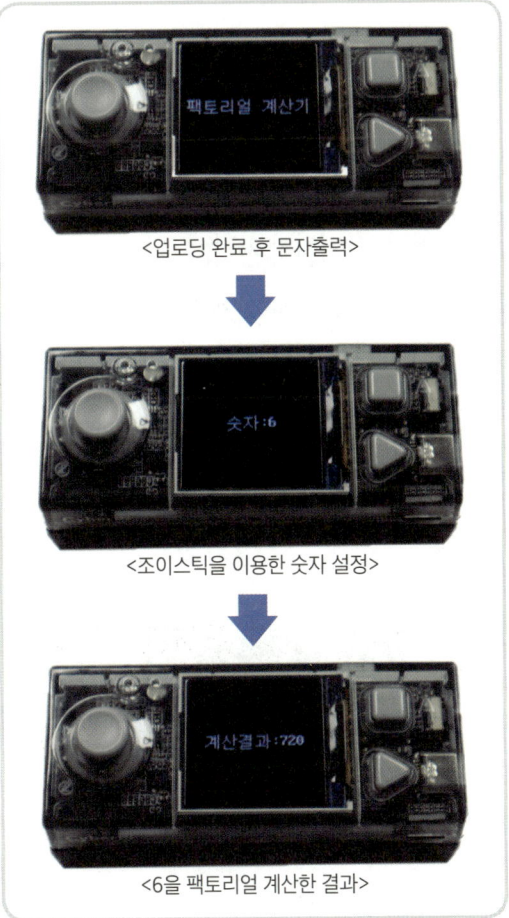

<업로딩 완료 후 문자출력>

<조이스틱을 이용한 숫자 설정>

<6을 팩토리얼 계산한 결과>

1. 업로드 완료 후 LCD중앙에 [팩토리얼 계산기] 글자가 나타납니다.
2. 조이스틱 버튼을 위로 올리면 숫자가 1씩 증가하며, 아래로 내리면 숫자가 1씩 감소합니다.
3. 6을 설정하고 조이스틱 버튼을 누른 경우, 1 x 2 x 3 x 4 x 5 x 6의 계산 결과인 720이 출력됩니다.

사이버파이 실습3
07. 지진감지 알람

흔들림 센서를 이용하여 흔들림의 강도가 30 이상이면, 지진을 감지하고 알람을 울립니다. A 버튼을 누른 경우 무한 반복문에서 빠져 나오도록 프로그램을 만들어 보겠습니다.

 실습 예제

```
1   from cyberpi import*
2 ▸ while True:
3       led.on(0, 255, 0, "all")
4       if get_shakeval() > 30:
5 ▸         while True:
6               led.on(0, 255, 0, "all")
7               display.show_label('지진이 감지되었습니다!', 16, "center")
8               audio.play_music(60, 0.25)
9 ▸             if controller.is_press('a'):
10                  console.clear()
11                  break
```

1. 사이버파이 기능을 사용할 수 있는 cyberpi 모듈을 불러옵니다.

4. if 문을 이용하여 사이버파이의 [흔들림의 세기 값]이 30 초과인 경우 6~9를 무한 반복합니다.

7. 사이버파이의 중앙에 [지진이 감지되었습니다!] 문자열이 16글자크기로 표시됩니다.

8. 사이버파이의 스피커를 통해 60(4옥타브의 도), 0.25비트로 알람소리를 출력합니다.

9. 만약 버튼 A를 누르면 조건인 '참'이 되어 10~11 실행됩니다.

10. LCD 중앙의 글자가 지워집니다.

11. break가 실행되면 5의 while True: 무한 반복문을 빠져 나가고, 2의 무한 반복문이 실행됩니다.

 실행 결과

<업로드 완료 후 지진 감지 전>　　　<흔들림이 감지된 경우>

1. 업로드 완료 후 녹색 LED가 켜집니다.

2. 사이버파이를 흔드는 경우 빨간색 LED가 켜지면서, [지진이 감지되었습니다!] 문자가 LCD 중앙에 나타납니다.

3. 버튼 A를 누른 경우 LCD 중앙의 문자가 사라지고 녹색 LED가 켜집니다.

04 Chapter

CyberPi 파이썬 코딩
함수

이전 장에서 우리는 여러가지 프로그램을 작성해 보았습니다. 하고 싶은 일이 많을수록 코드의 수도 길어졌습니다. 큰 문제가 있으면 작은 문제로 나누어 해결하면 효과적이듯 덩치가 커지고 복잡한 프로그램일수록 우리가 이해하기 쉽고 관리하기 편하도록 분리해서 작성해야 할 필요가 있습니다.

학습 내용

1. 함수의 개념 및 작성하는 방법을 학습합니다.
2. 함수에 인수를 전달하여 사용하는 방법을 학습합니다.
3. 함수의 반환값에 대해 학습합니다.

사이버파이 실습 내용

1. 조도센서를 이용한 LED 밝기 조절
2. 자이로센서를 이용한 기울어진 각도 표시
3. 녹음 메시지

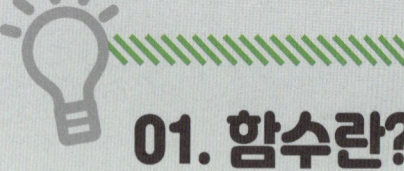
01. 함수란?

함수는 일을 수행하는 코드의 덩어리입니다. 함수는 프로그램에서 반복적으로 사용되어야 하는 코드를 하나의 이름으로 묶어, 코드 작성에 효율성을 높이고 프로그램의 흐름 파악과 코드 수정을 쉽게 할 수 있습니다.

함수에는 파이썬에서 만들어 제공하는 print(), type()과 같은 내장함수와 프로그램 작성자가 직접 만들어 사용하는 사용자정의 함수가 있습니다. 정의된 함수는 함수명에 인수를 입력하여 호출하면 반환값을 얻을 수 있습니다.

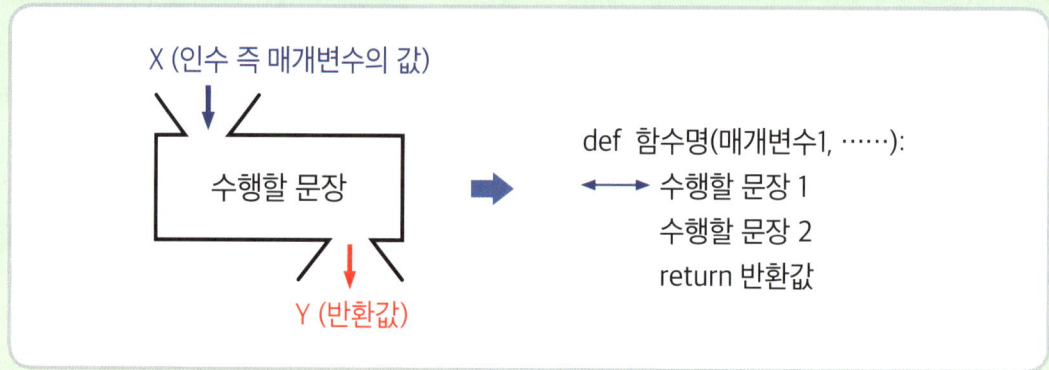

파이썬에서 함수는 define(정의하다)의 def를 키워드로 사용하여 만들고 이를 '함수를 정의한다.'라고 합니다.

이때 사용자로 부터 어떠한 값을 받아 동작하는 함수를 만들고자 한다면 매개변수를 이용하여 값을 받도록 하고, 필요한 경우 다수의 매개변수를 사용할 수 있으며 이 경우 콤마(,)로 구분합니다. 매개변수가 필요 없다면 생략 가능합니다. 함수의 마지막에 오는 return 문은 결과값을 반환하며, 만약 반환할 값이 없다면 생략 가능합니다. 그리고 함수를 실제로 사용하는 것을 '함수를 호출한다'라고 합니다.

def 키워드를 사용하여 문자를 출력하는 함수를 만들고 호출해 봅시다.

```
1  def earth():
2      print("지구는 태양계의 행성입니다.")
3
4  earth()
```

1. earth()함수를 정의합니다. 함수명 작성 후 세미콜론(:)에 주의합니다.
   (매개변수가 필요 없는 함수는 ()를 비워서 만든다.)
2. 내장함수인 print()함수를 이용하여 문자열을 출력합니다. 반드시 들여쓰기를 해야 합니다.
4. def로 선언된 함수는 자동으로 실행되지 않습니다. 함수가 호출되어야 실행되고 호출하려면 earth()을 적어주면 됩니다.

earth()함수를 호출하여 결과를 확인합니다.

02. 함수에 1개의 인수 전달하기

사용자는 함수를 호출하여 사용할 때 동작에 필요한 정보(값)를 전달할 수 있습니다. 이 정보를 인수(argument)라고 하며 매개변수(parameter)에 저장되어 함수에 전달됩니다.

함수에 1개의 인수를 전달하여 문장을 출력하는 프로그램을 만들어 봅시다.

```
1  def friend(name):
2      print(name,"은 우리반 친구입니다.")
3      print("우리는",name,"을 사랑합니다.")
4
5  name = input("이름을 입력 하세요:")
6  friend(name)
```

1. friend함수에 name 매개변수가 사용됩니다.
2 ~3. print()함수에 의해 " "안의 문자열이 출력됩니다.
5. input함수로 입력받은 이름을 인수로 6의 friend()함수에 전달합니다.
   (참고 : 함수 내부에 만들어진 변수는 함수가 호출될 때 만들어지고 함수 호출이 종료되면 변수 공간이 사라집니다. 따라서 매개변수 name과 달리 input의 입력 값을 저장하는 name 변수는 서로 다른 공간에 위치한 변수로 함수 종료 후에도 존재합니다.)

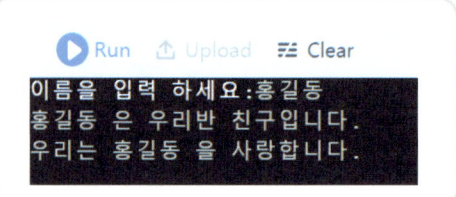

전달받은 인수와 함께 문장을 만들어 출력합니다.

03. 함수에 여러 개의 인수 전달하기

다수의 인수가 필요한 함수는 콤마(,)로 구분하여 인수를 입력하고, 입력 순서가 바뀌지 않도록 주의합니다.

 실습 예제

함수에 2개의 인수를 전달하고 합계를 계산하고 출력하는 프로그램을 만들어 봅시다.

```python
1  def get_sum(start,end):
2      sum = 0
3      for i in range(start, end+1):
4          sum += i
5      print("합계:",sum)
6
7  get_sum(1,10)
8  get_sum(1,20)
```

1. def 키워드를 이용하여 get_sum함수를 생성합니다. start, end 두 개의 인자를 전달받습니다.
2. sum 변수를 만들고 0을 대입합니다.
3. for 반복문을 이용하여 start부터 end까지 반복하면서 4를 수행합니다.
4. sum 변수에 i를 더해서 sum에 대입합니다.
5. sum 변수의 계산 결과를 출력합니다.
7. get_sum함수를 호출하고 1과 10 두 개의 인자를 전달합니다.
8. get_sum함수를 호출하고 1과 20 두 개의 인자를 전달합니다.
   (인수 전달시 (end,start)와 같이 순서가 바뀌지 않게 주의합니다.)

 실행 결과

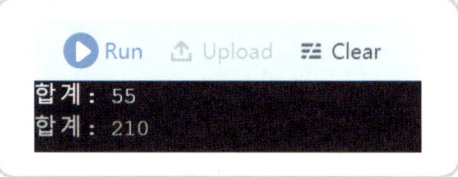

start에서 end까지 정수의 합이 출력됩니다.

04. 함수값 반환하기

함수가 매우 유용한 것은 함수가 일의 결과로 우리에게 무엇인가를 돌려줄 수도 있다는 것입니다. 함수로부터 되돌아 오는 값을 반환 값(return value)이라고 합니다. 함수가 값을 반환하려면 return 키워드를 이용하여 값을 함수의 외부로 전달하고 return 후 함수는 무조건 종료됩니다.

원의 반지름을 입력받아 면적을 구하는 함수를 만들고 출력하는 프로그램을 만들어 보겠습니다.

```
1  def circle_area(radius):
2      area = 3.14 * radius ** 2
3      return area
4
5  c_circle = circle_area(5)
6  print(c_circle)
7
8  area_sum = circle_area(5) + circle_area(10)
9  print(area_sum)
```

1. [def]키워드를 이용하여 반지름 입력받는 함수를 만듭니다.
2. [area]변수를 만들고 [3.14 * radius **2] 수식을 이용하여 [radius] 인수를 입력받고 수식의 결과를 대입합니다.
3. [return] 키워드를 이용하여 [area]에 저장된 값을 반환하고 함수는 종료합니다.
   만약 함수내에 return문 다음에 다른 문장이 있어도 실행되지 않습니다.
5. c_circle 변수를 만들고 원의 면적을 구하는 함수에 [5]의 인자를 전달합니다.
   circle_area()함수 결과값을 c_circle변수에 대입합니다.
6. print()함수를 이용하여 반지름이 5인 원의 면적을 출력합니다.
8. area_sum 변수를 만들고 반지름이 5와 10인 원의 면적을 더해서 대입합니다.
9. print()함수를 이용하여 면적을 더한 결과를 출력합니다.
   (만약 위 예제 clrcle_area()함수에서 return문이 사용되지 않으면 어떻게 될까요?)

 실행 결과

1. 원의 반지름이 5.0인 면적의 넓이 (78.5)가 출력된 것을 확인할 수 있습니다.

2. 원의 반지름이 5.0인 면적의 넓이와 10.0의 면적의 넓이가 더해진 결과 (392.5)가 출력된 것을 확인할 수 있습니다.

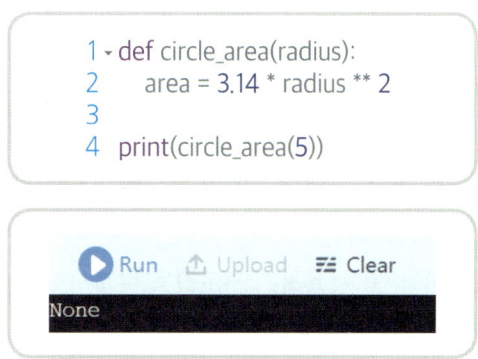

3. return 문 없이 정의된 함수에 매개변수 5를 입력하고 호출하였으나 함수가 결과를 반환할 수 없어 결과값이 None이 됩니다.

사이버파이 실습1
05. 조도센서를 이용하여 LED 밝기 조절

사이버파이에 내장된 빛을 감지하는 조도센서를 이용하여 주변 빛의 밝기에 따라 5개의 LED가 빨간색으로 밝기가 변하는 프로그램을 만들어 보겠습니다.

```
1  from cyberpi import*
2
3  def light_sensor_func():
4      light_value = get_bri()
5      light_value_map = round((light_value/100) * 255)
6      display.show_label(light_value_map, 16, "center")
7      led.on(light_value_map, 0, 0, "all")
8
9  while True:
10     light_sensor_func()
```

3. def 키워드를 이용하여 조도센서의 빛의 양에 따라 LED가 변하고 LCD에 조도값을 표시하는 함수를 선언합니다.

4. get.bri()함수를 사용하여 조도값을 측정하고 light_value 변수에 대입합니다.
   이 때 최소값은 0, 최대값은 100입니다.

5. 0~100값으로 출력되는 조도센서 값을 LED를 제어하기 위한 0~255 사이의 값을 변환하고 round()함수로 반올림하여 정수로 만들어서 light_value_map변수에 저장합니다.

6. light_value_map 값을 사이버파이 LCD 중앙에 표시합니다.

7. light_value_map 변수값을 사이버파이 LED의 r값에 대입하여 밝기를 조절합니다.

10. 함수를 호출합니다.

실행 결과

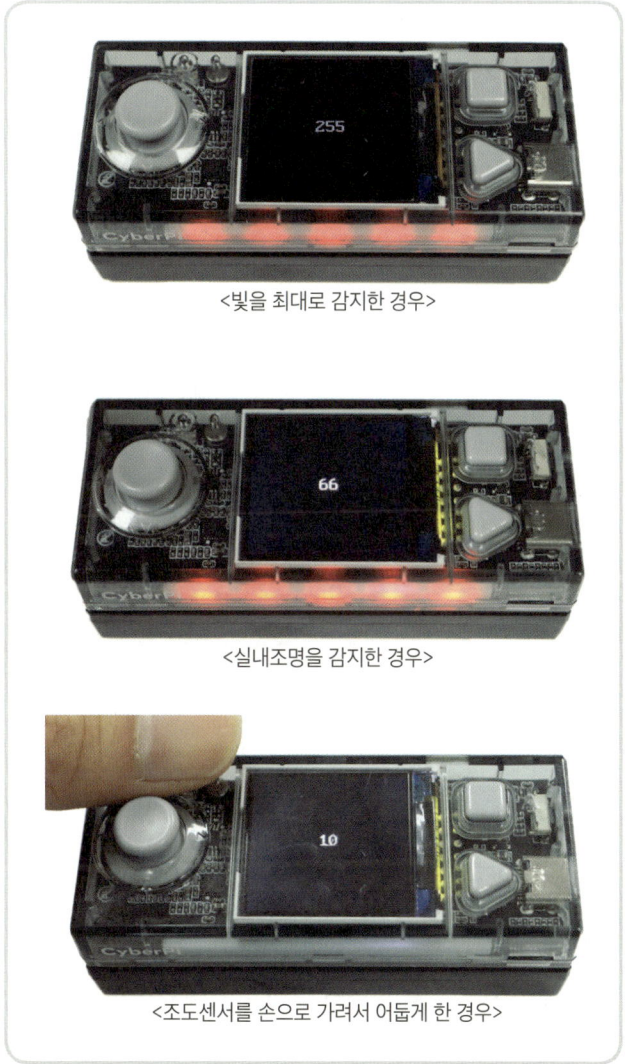

<빛을 최대로 감지한 경우>

<실내조명을 감지한 경우>

<조도센서를 손으로 가려서 어둡게 한 경우>

1. 업로드 완료 후 LCD창 중앙에 조도값을 표시합니다. 가장 빛이 많을 경우 255의 값을 가지며, LED의 밝기가 최대가 됩니다.
2. 조이스틱 옆에 위치한 조도센서를 막아 빛의 유입을 차단하면 측정값이 작아지고 LED 밝기도 감소하는 것을 확인할 수 있습니다.

06. 자이로 센서를 이용하여 기울어진 각도 표시

사이버파이 실습2

자이로센서를 이용하여 pitch, roll, yaw 값을 측정하고 그 값을 LCD창에 테이블 차트로 표시하는 함수를 만들어 호출하는 프로그램을 만들어 보겠습니다.

```
1   from cyberpi import*
2
3   def pitch():
4       val = get_pitch()
5       table.add(1, 1, 'Pitch')
6       table.add(1, 2, val)
7
8   def roll():
9       val = get_roll()
10      table.add(2, 1, 'Roll')
11      table.add(2, 2, val)
12
13  def yaw():
14      val = get_yaw()
15      table.add(3, 1, 'yaw')
16      table.add(3, 2, val)
17
18  while True:
19      pitch()
20      roll()
21      yaw()
```

3. 자이로센서로부터 pitch 값을 구하고 표시하기 위한 함수를 정의합니다

4. get_pitch()함수로 구한 pitch 값을 지역변수 val에 대입합니다.

5. table.add()함수를 이용하여 LCD에 테이블 차트를 그리고, 1행 1열에 pitch 문자열을 출력합니다.

6. 테이블 차트 1행 2열에 val변수를 출력합니다. val 변수는 pitch()함수 안에 존재하는 변수로 함수 호출 될 때만 메모리 공간에 존재하고 함수 종료와 함께 메모리 공간에서 사라지는 지역변수입니다. 또한 다른 함수에 존재하는 val 변수와 이름만 같지 아무런 관련이 없습니다.

8~11. roll 각도를 구하고 출력하는 함수입니다. 2행 1열에 roll 문자를 출력하고 2행2열에 val를 출력합니다.

13~16. yaw 각도를 측정하고 LCD의 3행 1열에 yaw 문자열을 출력하고 3행 2열에 val 변수를 출력합니다.

18~21. while True: 무한 반복문을 이용하여 pitch(), roll(), yaw() 함수를 호출합니다.

실행 결과

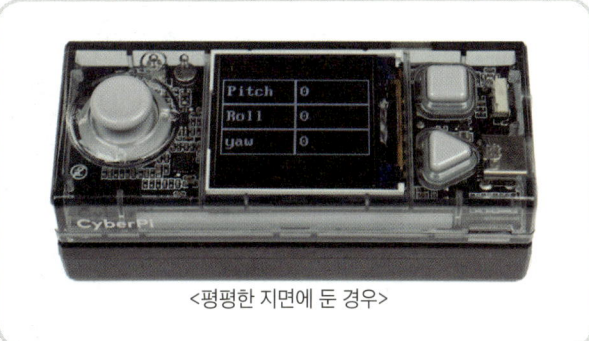

<평평한 지면에 둔 경우>

1. 평평한 지면에 두는 경우 모두 0의 값을 출력합니다.

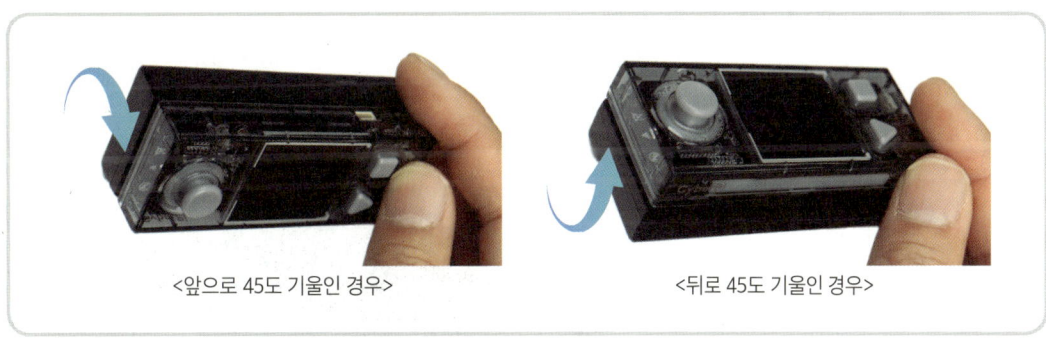

<앞으로 45도 기울인 경우>   <뒤로 45도 기울인 경우>

2. **Pitch** 측정 : 사이버파이를 평평한 바닥에 조이스틱이 왼쪽에 위치 하도록 가로로 놓고 앞으로 기울이면 피치값이 올라가고 뒤로 기울이면 음수로 내려갑니다.

<왼쪽으로 45도 기울인 경우>   <오른쪽으로 45도 기울인 경우>

3. **Roll** 측정 : pitch 측정 때와 같이 평평한 바닥에 놓고 오른쪽으로 기울이면 롤값이 올라가고 왼쪽으로 기울이면 음수로 내려갑니다.

사이버파이 실습2
06. 자이로 센서를 이용하여 기울어진 각도 표시

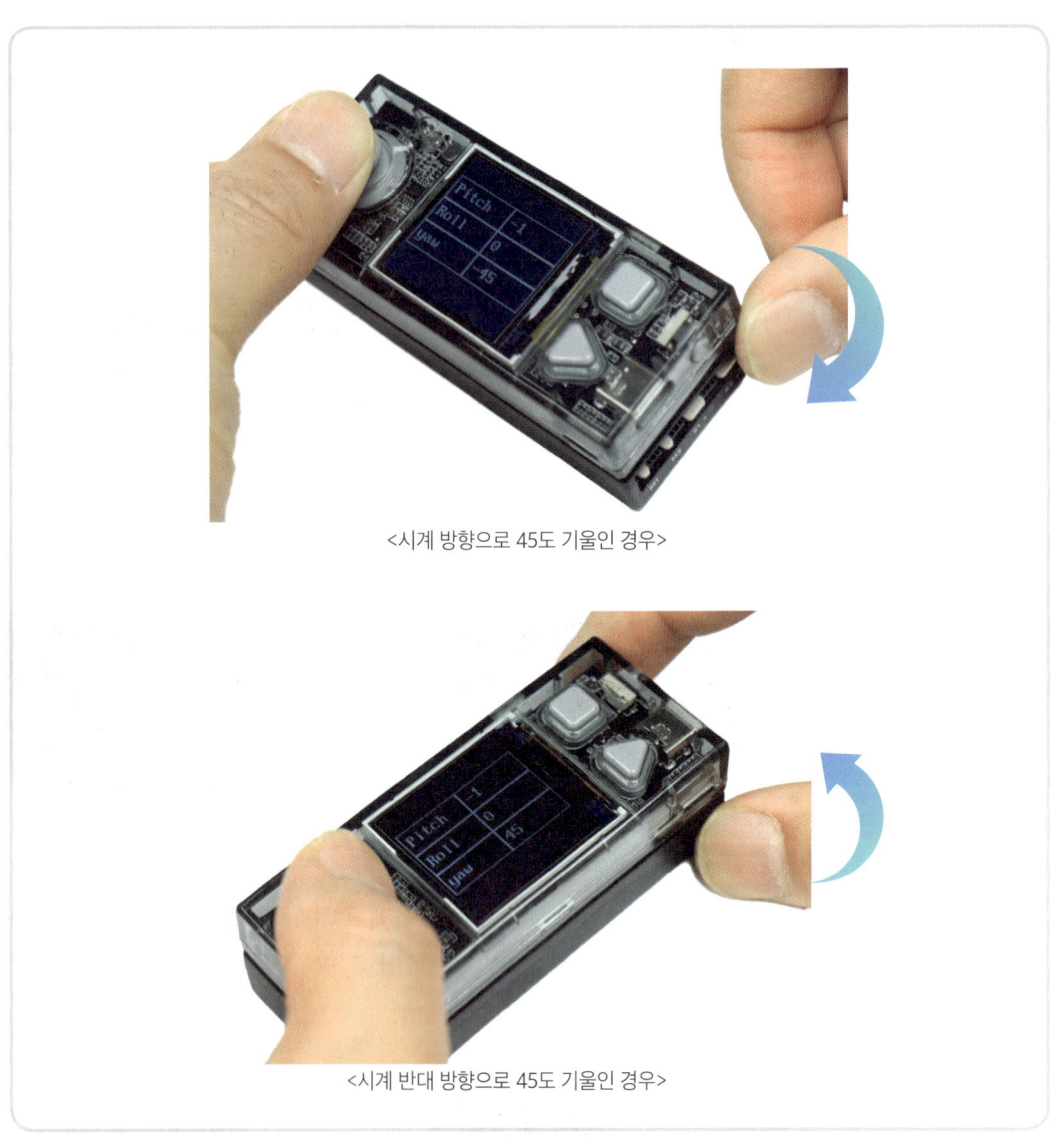

<시계 방향으로 45도 기울인 경우>

<시계 반대 방향으로 45도 기울인 경우>

4. yaw 측정 : 한 손으로 조이스틱을 잡고 나머지 손으로 사이버파이의 A 버튼 쪽을 좌, 우로 돌리면서 yaw값을 측정합니다. 시계방향으로 돌리면 값이 내려 가고 반시계 방향으로 돌리면 값이 올라갑니다.

사이버파이 실습3
07. 녹음 메시지

사이버파이는 마이크를 내장하고 있어서 목소리를 녹음하고 스피커를 통해서 재생할 수 있습니다. 함수를 활용하여 음성메시지를 녹음하고 재생하는 프로그램을 만들어 봅시다.

실습 예제

```
1  from cyberpi import*
2  from time import*
3
4  def start():
5      led.on(0, 255, 0, "all")
6      display.show_label('A를 누르면 중단합니다.', 16,'center')
7      audio.record()
8
9  def stop():
10     led.on(255, 0, 0, "all")
11     display.show_label('음성녹음이 중단 되었습니다.', 16,'center')
12     audio.stop_record()
13     display.show_label('B를 눌러 메세지를 확인해주세요', 16,'center')
14
15 def play():
16     led.on(255, 0, 255, "all")
17     display.show_label('음성메시지를 확인 합니다.', 16, 'center')
18     audio.play_record()
19     sleep(3)
20     display.show_label('음성메시지를 남기려면 조이스틱을 눌러주세요.', 16, 'center')
21
22 display.show_label('조이스틱을 누르면 음성녹음이 시작됩니다.', 16, 'center')
23 led.play('rainbow')
24 while True:
25     if controller.is_press('middle'):
26         start()
27     elif controller.is_press('a'):
28         stop()
29     elif controller.is_press('b'):
30         play()
```

4. 음성 녹음을 시작하기 위한 start()함수를 정의합니다.

5. 현재 모드를 알 수 있도록 LED를 초록색으로 켭니다.

6. 현재 모드를 알 수 있도록 LCD창에 안내 메시지를 출력합니다.

7. audio_record()함수로 음성 녹음을 시작합니다.

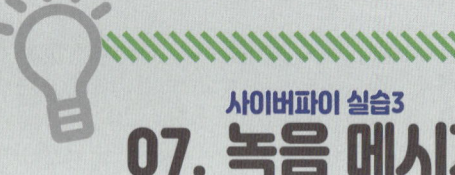

07. 녹음 메시지
사이버파이 실습3

9~13. 음성 녹음 종료 함수를 정의하고 해당 모드에서 LED색과 LCD창에 표시할 메시지를 정의합니다. Audio.stop_record()함수는 사이버파이 모듈에 포함된 사이버파이 녹음중지 함수입니다.

15~20. 녹음된 소리를 들려주는 play()함수를 정의하고 해당 모드의 LED색, LCD창에 표시할 메시지를 정의합니다.

실행 결과

<업로드가 완료된 경우>

<조이스틱 버튼을 누른 경우>

<A 버튼을 누른 경우>

<B 버튼을 누른 경우>

1. 업로드 완료 후 LED는 무지개 색으로 play됩니다.
2. if ~ elif 조건문에 의해 누른 버튼을 확인하고 해당 함수가 동작하여 음성 녹음과 중지, 녹음 재생을 실행합니다. While True: 문에 의해 모든 과정은 반복적으로 실행 가능합니다.

05 Chapter

CyberPi 파이썬 코딩
리스트, 튜플, 딕셔너리

프로그램에는 많은 데이터가 필요합니다. 만약 이를 하나씩 변수로 만들어 정의 한다면 이를 구분하기도 힘들고 관리하기도 어려울 것입니다.

파이썬에서는 비슷한 유형의 데이터를 하나의 변수로 묶어 관리할 수 있도록 리스트, 튜플, 딕셔너리 등의 자료형을 제공하여 데이터를 쉽게 관리할 수 있는 방법을 제공하고 있습니다.

학습 내용

1. 리스트에 대해 학습합니다.
2. 리스트를 생성하고 항목을 삽입, 삭제, 변경 하는 것을 학습합니다.
3. 튜플에 대해 학습합니다.
4. 딕셔너리에 대해 학습합니다.

사이버파이 실습 내용

1. 리스트와 반복문을 이용한 LED 및 부저 제어
2. 딕셔너리를 이용한 가위 바위 보 게임

01. 리스트란?

상황에 따라 여러 개의 변수가 필요할 때가 있습니다. 두 개 또는 세 개라면 각자 고유한 이름을 가지고 선언할 수 있지만, 수십 개 또는 수백 개가 되면 비효율적일 것입니다.

name1 = '학생1'

Name2 = '학생2'

Name3 = '학생3'

.
.
.
.
.

Name100 = "학생100"

리스트에는 숫자, 문자 등의 여러 가지 자료를 하나로 묶어 저장할 수 있습니다. 리스트는 데이터에 순서가 있는 자료형으로 그 순서는 인덱스로 표현합니다. 인덱스(index)란 리스트에서 항목의 위치를 알려주는 번호로 0부터 시작하여 그 값이 1씩 증가하면서 순차적으로 해당 정보가 저장된 위치를 나타냅니다.

Name = ['학생1' , '학생2' , '학생3' , ・・・ , '학생100']
         Index 0   *Index 1*   *Index 2*   *Index 99*

02. 리스트의 생성

리스트의 값은 [ ](대괄호)로 묶어지고 각 값은 ,(콤마)로 구분 합니다.
- 리스트 = [값1, 값2, 값3, 값4, ………]
  apart = [101, 102, 103, 104]

여러 가지 자료형을 함께 저장 할 수도 있습니다.
  student = ['홍길동' , 15 , 160.5 , 55 , True]

빈 리스트를 만들고 나중에 값을 추가할 수도 있습니다.
  a = [ ]

 실습 예제

```
1  slist = ['영어','수학','사회','과학']
2  print(slist)
3  print(slist[0])
4  print(slist[1])
5  print(slist[3])
6  print(slist[2])
```

1. 4개의 교과목이 저장된 리스트를 만듭니다.(각각의 요소는 콤마로 구분 됨에 주의합니다.)
2. slist 리스트를 출력합니다.
3 ~ 6. 리스트에서 해당 인덱스의 값을 출력합니다.

 실행 결과

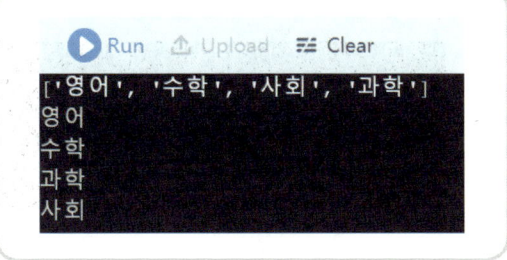

slist를 출력한 후 리스트 인덱스 0, 1, 3, 2의 값을 출력합니다.

03. 리스트 항목의 변경과 추가

리스트의 요소값을 변경하거나 요소를 추가하는 방법에 대하여 알아 보겠습니다.

```
1  cart = ['사과','치즈','우유','파프리카']
2  print(cart)
3  cart[1] = '양파'
4  print(cart)
5  cart.insert(2,'토마토')
6  print(cart)
7  cart.append('바나나')
8  print(cart)
9  cart += ['포도']
10 print(cart)
```

1. cart 리스트를 생성하고, 4개의 문자열 데이터를 콤마로 구분하여 저장합니다.
2. 데이터가 변경되기 전 cart를 출력합니다.
3. 인덱스 1번의 [치즈]를 [양파]로 변경합니다.
5. insert()함수의 매개변수는 삽입될 인덱스와 값으로 구성됩니다.
7. append()함수는 리스트의 끝에 입력받은 값을 추가합니다.
9. 더하기 연산자로 리스트의 끝에 [포도]를 추가합니다.

실행 결과

```
▶ Run   ⬆ Upload   ≣ Clear
['사과', '치즈', '우유', '파프리카']
['사과', '양파', '우유', '파프리카']
['사과', '양파', '토마토', '우유', '파프리카']
['사과', '양파', '토마토', '우유', '파프리카', '바나나']
['사과', '양파', '토마토', '우유', '파프리카', '바나나', '포도']
```

1. 초기 리스트 값을 출력합니다.
2. 인덱스 1의 치즈가 양파로 변경됩니다.
3. 인덱스 2에 토마토가 삽입되었고, 그 자리에 있던 우유는 뒤로 밀려납니다.
4. 마지막 요소에 바나나가 추가됩니다.
5. 마지막 요소에 포도가 추가됩니다.

04. 리스트 항목 삭제하기

리스트의 항목은 삭제가 가능합니다. 리스트를 삭제하는 방법에는 remove()와 del, pop()을 사용하는 3가지 방법이 있습니다.

실습 예제

```
1  rainbow=['빨강','주황','노랑','초록','파랑','남색','보라색']
2  print(rainbow)
3  rainbow.remove("노랑")
4  print(rainbow)
5  del rainbow[4]
6  print(rainbow)
7  rainbow.pop()
8  print(rainbow)
```

1. rainbow 리스트를 만들고 7개의 문자열 데이터를 콤마로 구분하여 저장하고 리스트를 출력합니다.
3. remove()함수는 리스트에서 해당 **값**을 삭제합니다.
5. del은 해당 **인덱스의 값**을 삭제합니다.
7. pop()함수는 리스트의 마지막 데이터를 삭제합니다.

실행 결과

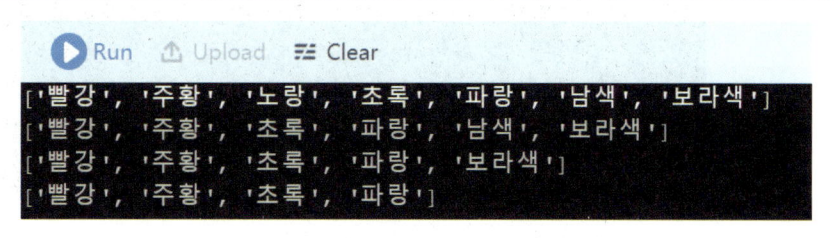

1. 초기 리스트 값을 출력합니다.
2. remove()함수에 의해 '노랑'이 삭제됩니다.
3. del에 의해 인덱스 4의 '남색'이 삭제됩니다.
4. pop()함수에 의해 마지막 데이터 '보라색'이 삭제됩니다.

05. 튜플

튜플은 리스트처럼 여러 개의 데이터를 저장할 수 있는 자료형입니다. 리스트에서 사용한 대괄호 대신 소괄호를 사용해서 튜플을 생성할 수 있습니다. 값을 수정할 수 없으며, 읽기만 가능해 읽기 전용 자료를 저장할 때 사용합니다.

실습 예제

```
1  score = (10,20,30,40)
2  print(score)
3  print(score[0])
4  print(score[0] + score[1] + score[2])
5  score[0]=20
6  print(score)
```

1. score 튜플을 선언하고 10, 20, 30, 40을 콤마로 구분하여 저장합니다.
3. 첫번째 값을 출력합니다.
4. 첫번째, 두번째, 세번째 값을 더하여 출력합니다.
5. 첫번째 값을 20으로 변경하고자 합니다.

실행 결과

```
(10, 20, 30, 40)
10
60
Traceback (most recent call last):
  File "C:\Users\USER\.mcode\virtualFS\projects\default\/00.PYTHON CODING PROJECT/파이썬 강의 기초 예제파일/03.리스트 기초 예제5.py", line 5, in <module>
    score[0]=20
TypeError: 'tuple' object does not support item assignment
```

1. score 튜플값을 출력합니다.
2. 튜플의 첫번째 값 10이 출력됩니다.
3. 요소 3개가 더해진 60이 출력됩니다.
4. 요소값 변경을 시도하자 변경이 불가능하다는 에러가 표시됩니다.

06. 딕셔너리

딕셔너리는 사전형 데이터를 의미하며 키(key)와 값(value)이 하나로 묶인 자료 구조이고 중괄호 { }로 표시 됩니다.
키는 하나의 값만 가질 수 있으며, 하나의 딕셔너리에 같은 이름의 키를 여러 개 둘 수 없습니다.

딕셔너리변수 = {키1:값1, 키2:값2, 키3:값3, …}
과일 = {apple : 5 , banana : 2 , orange : 3}

 실습 예제

```
1  scores = {'철수':90, '민수':85,'영희':80 }
2  meansu = scores['민수']
3  print(meansu)
4  scores['영희'] = 95
5  print(scores)
6  scores['순이'] = 100
7  print(scores)
```

1. scores 딕셔너리 변수를 만들고, 철수 민수 영희 Key와 90, 85, 80 Value값을 쌍으로 선언합니다.
2. key 값 '민수'를 이용하여 value 값을 meansu 변수에 저장합니다.
4. key 값 '영희'에 95를 대입합니다.
6. 딕셔너리에 들어 있지 않은 key '순이'에 100을 대입합니다.

실행 결과

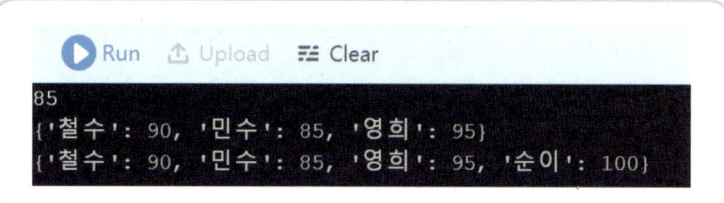

1. key '민수'를 사용하여 값을 출력합니다.
2. key '영희'의 값이 95로 변경되었습니다.
3. 딕셔너리에 '순이' : 100 요소가 새로 추가되었습니다.(선언된 딕셔너리 아이템 중에 같은 key가 있다면 해당 value에 값이 복사되고, key가 없다면 새로운 아이템으로 추가됩니다.)

사이버파이 실습1
07. 리스트를 이용한 LED 및 부저 제어

리스트를 사용하여 5개의 LED와 5가지 음을 순차적으로 제어하는 프로그램을 만들어 봅시다.

```python
from cyberpi import*


led_num_list = [1,2,3,4,5]
frequency_list = [100,200,300,400,500]
delay = 0.1

for m in range(0, 5):
    led.on(255, 0, 255, led_num_list[m])
    audio.play_tone(frequency_list[m], delay)

for m in reversed(range(0, 5)):
    led.on(0, 0, 0, led_num_list[m])
    audio.play_tone(frequency_list[m], delay)
```

4. led_num_list를 만들고, 1, 2, 3, 4, 5 리스트 요소를 입력합니다.

5. frequency_list를 만들고, 주파수값 100, 200, 300, 400, 500 리스트 요소를 입력합니다.

6. 소리내는 시간을 저장하기 위한 delay 변수를 만들고 0.1을 저장합니다.

8. for을 이용하여 m 변수가 0부터 4까지 1씩 증가하면서 9~10를 반복합니다.

9. led_num_list[m]의 m 인덱스가 0에서 4로 증가하면서 1번 led부터 5번 led까지 순차적으로 켭니다.

10. frequency_list[m]의 m 인덱스가 0에서 4까지 증가하면서 주파수 음이 100에서 500까지 순차적으로 0.1초 출력합니다.

12. reversed 함수는 매개변수로 받은 범위를 거꾸로 반환 해주는 함수로 4~0까지 반환합니다.

13~14. m 변수값으로 해당 리스트의 인덱스 4~0까지의 값으로 led와 소리를 제어합니다.

<LED 1~5번 차례로 켜짐>   <LED 5~1번 차례로 꺼짐>

사이버파이 실습2
08. 딕셔너리를 이용한 가위 바위 보 게임

사용자와 사이버파이 간의 가위 바위 보 게임을 딕셔너리를 이용하여 구현해 봅시다. 조이스틱으로 선택한 결과와 사이버파이의 무작위로 선택된 값을 비교하여 판정합니다.

 실습 예제

```
1   from cyberpi import *
2   from time import *
3   import random
4
5   def personChoise():
6       count = 1
7       person = 0
8       display.show_label('조이스틱을 up하여 가위 바위 보를 선택 하세요.', 16, 'center')
9       while not controller.is_press('middle'):
10          if controller.is_press('up'):
11              person = rps[count]
12              display.show_label(person , 16, 'center')
13              sleep(1)
14              count += 1
15              if count == 4:
16                  count = 1
17      if person == 0:
18          personChoise()
19      return person
20
21  def computerChoise():
22      computer = rps[random.randint(1,3)]
23      display.show_label('컴퓨터의 결과는:' + computer , 16, 'center')
24      sleep(2)
25      return computer
26
27  def match(per, cpt):
28      if per == cpt:
29          led.on(0, 255, 0, 'all')
30          return '비겼습니다.'
31      elif (per, cpt) in match_table.items():
32          led.on(0, 0, 255, 'all')
33          return '이겼습니다.'
34      else:
35          led.on(255, 0, 0, 'all')
36          return '졌습니다.'
37
38  rps = {1:'가위', 2:'바위', 3:'보'}
39  match_table = {'가위':'보','바위':'가위','보':'바위'}
40
41  while True:
42      led.on(0, 0, 0, 'all')
43      display.show_label('게임을 시작합니다.' , 16 , 'center')
44      sleep(2)
45      result = match(personChoise(), computerChoise())
46      display.show_label(result , 16, 'center')
47      sleep(2)
48      display.show_label('다시 하려면 A를 누르세요.', 16 , 'center')
49      while not controller.is_press('a'):
50          pass
```

08. 딕셔너리를 이용한 가위 바위 보 게임

사이버파이 실습2

3. 무작위 수를 만들기 위해 random 모듈을 불러옵니다.
5. def 키워드를 이용하여 사용자 선택과정을 정의한 함수를 선언합니다.
8. 조이스틱을 위로 올려서 가위 바위 보를 선택하도록 LCD에 표시합니다.
9. 조이스틱의 버튼을 클릭할 때 까지 10~16을 반복합니다.
10. if 문을 사용하여 조이스틱을 위로 했는지를 조건으로 줍니다.
11. rps 딕셔너리의 key를 count 값으로 주어 만약 조이스틱을 위로 한번 올리면 count 값이 1이므로 rps 딕셔너리의 key 1에 해당하는 값 '가위'가 선택됩니다.
15. 딕셔너리의 key가 3개로 count 값이 4가 되면 1로 변경합니다.
17. 조이스틱을 위로하여 선택하지 않고 조이스틱 버튼을 누른 경우 함수를 다시 호출하여 가위 바위 보 중 하나를 선택하도록 합니다.
19. 11에서 선택되어 person에 저장된 값('가위','바위','보') 중 하나의 값을 함수에 반환합니다.
21. computer의 선택 과정을 computerChoise 함수로 정의합니다.
22. randint 함수를 사용하여 1~3까지의 정수를 무작위로 생성하여 rps 딕셔너리의 key로 사용하고 그 값을 computer 변수에 저장합니다.
25. computer 변수값을 computerChoise 함수에 반환합니다.
27. 승패 판정을 위한 함수 정의합니다.
28. 사용자와 컴퓨터의 선택이 같은지를 조건문으로 확인합니다.
31. 사용자가 승리한 경우를 담아 놓은 match_table 딕셔너리에 사용자의 선택이 key에 컴퓨터의 선택이 value에 위치한 아이템이 있는지를 확인합니다. 만약 이런 형태가 존재한다면 사용자의 승리입니다.
34. 앞선 if와 elif에 해당하지 않는 경우 실행되는 문장으로 사용자가 패하는 경우입니다.
38. rps 딕셔너리를 생성하고 게임에 필요한 요소로 아이템을 만들어 줍니다.
39. 사용자가 승리한 경우를 정의한 match_table 딕셔너리를 생성해 줍니다.
41. 사이버파이에 전원이 켜지면 42~50을 반복합니다.

실행 결과

<사용자가 이긴 경우 결과 출력>

<사이버파이와 비긴 경우 결과 출력>

<사이버파이에게 진 경우 결과 출력>

Chapter 06
CyberPi 파이썬 코딩
인공지능 IOT 만들기

인공지능(AI)은 최근 컴퓨터의 성능 향상과 새로운 알고리즘의 등장으로 미래의 핵심 기술로 인정받고 있습니다. **사물인터넷(IOT)**이란 사물이 인터넷과 연결되어 통신을 주고 받는 기술을 의미합니다. 예를 들면 가정에서 사용하는 많은 가전제품들이 인터넷과 연결되어 사용되고 있는 IOT기기들입니다. 미래에는 모든 사물이 인터넷에 연결되어 서로 데이터를 주고 받으면서 제어되는 시대가 올 것으로 예상하고 있으며, 이렇게 수집된 데이터는 인공지능 기술로 처리되어 의사결정까지 이루어질 것입니다. 인공지능과 IOT가 결합된 기술을 지능형 사물인터넷(AIOT)이라고 합니다.

학습 내용

1. 음성인식 및 IOT의 개념과 활용에 대해 학습합니다.
2. 디지털 및 아날로그센서의 특성과 사이버파이와의 동작을 학습합니다.

사이버파이 실습 내용

1. 토양 수분 감지센서 값 읽고 표시하기
2. 불꽃감지센서 값 읽고 표시하기
3. 음성인식을 이용하여 LED 및 모터 제어하기
4. 음성인식을 이용하여 날씨정보 표시하기
5. 인공지능 IOT 코딩하기

01. 인공지능 음성인식을 이용한 IOT 구현

컴퓨터가 인간의 말을 알아듣는 즉 음성인식 기술은 딥러닝 기술과 함께 비약적인 발전을 이룬 기술 분야 중 하나일 것입니다. 그 동안 언어는 인간의 특권으로 인식되어 왔으나 지금 우리는 기계와 대화를 하고 있습니다. 스마트폰에 음성으로 날씨를 물어보고 스피커에 음악을 들려 달라고 이야기하고 있습니다. 앞으로 우리는 어떤 대상과 이야기를 할까요?
자동차, 냉장고, 에어컨 등 우리 주변에 있는 거의 모든 기계들과 대화가 가능한 시대가 올 것입니다.

사이버파이의 음성인식은 Speech to Text 방식입니다. 즉 음성을 문자로 바꿔 주는 방식입니다. 음성인식 기술의 구현은 잘 학습된 인공지능 모델과 고성능의 연산처리 능력을 가진 컴퓨터가 필요합니다. 그래서 대부분의 음성인식 서비스는 클라우드를 이용하여 서비스를 제공하고 있습니다. 인터넷으로 전송 받은 사용자의 음성 데이터를 데이터센터의 고성능 컴퓨터로 처리하여, 그 결과를 다시 인터넷으로 사용자의 컴퓨터에 돌려 주는 방식입니다. 그래서 해당 컴퓨터 또는 기기는 인터넷에 꼭 연결되어야 음성인식 서비스를 사용할 수 있습니다.

이번 장에서는 사이버파이의 음성인식 기능과 센서를 사용하여 IOT를 구현해 보겠습니다.

02. IOT 키트 부품 리스트

부품 리스트 사이버파이를 이용한 음성인식 IOT 만들기 부품 리스트는 다음과 같습니다.

분류	부품	
패널류	전면패널 x 1EA	
	하부패널 x 1EA	
센서류	불꽃감지센서 x 1EA	
	토양 수분감지센서 x 1EA	
기타 부품	팬 x 1EA	
	10cm F-F점퍼케이블 x 6EA	
	20cm F-F점퍼케이블 x 2EA	
	M3 x 20mm볼트 x 4EA	
	M3 x 10mm볼트 x 5EA	
	M3너트 x 9EA	
	십자드라이버 x 1EA	
	화분 및 식물 x 1EA	

CyberPi 파이썬 코딩

03. IOT 키트 조립 순서

1. 전면패널에 너트를 넣고 하부패널을 끼운 뒤에 M3x10mm볼트 및 너트로 조립합니다.

너트가 들어가는 홀

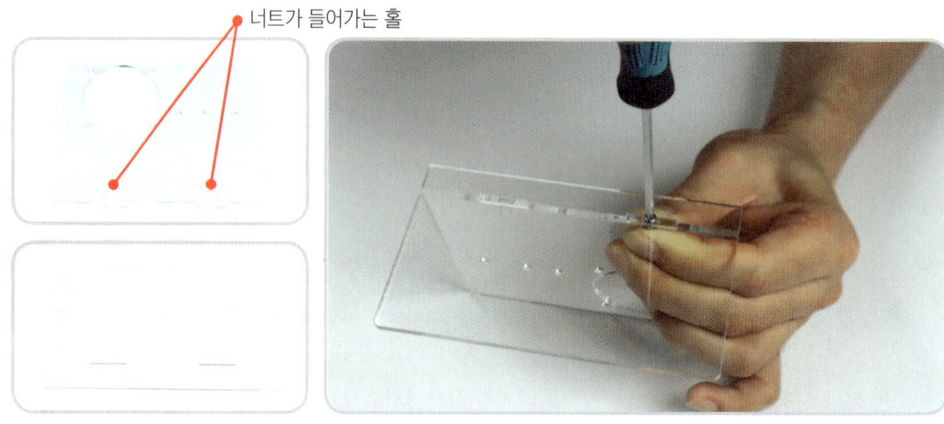

2. 반대편도 동일하게 M3x10mm볼트와 너트를 이용하여 고정합니다.

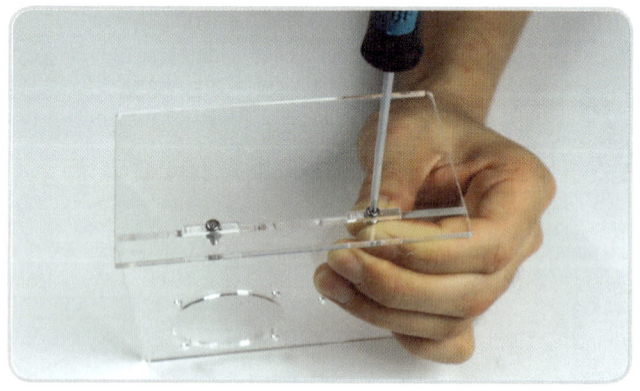

3. M3x20mm볼트와 너트 4개를 이용하여 전면패널에 팬을 고정합니다.

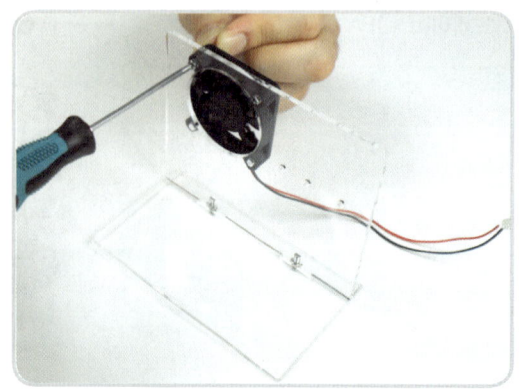
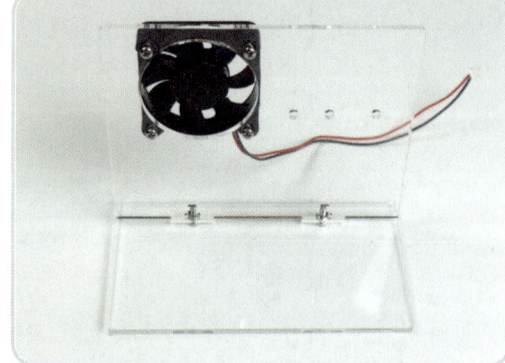

4. 불꽃감지센서 두 개의 홀을 통해 M3x10mm볼트와 너트를 이용하여 고정합니다.

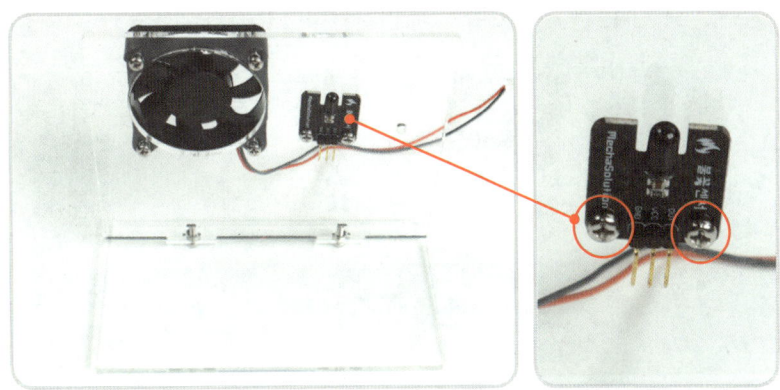

5. 수분감지센서 한 개의 홀을 통해 M3x10mm볼트와 너트로 고정합니다.

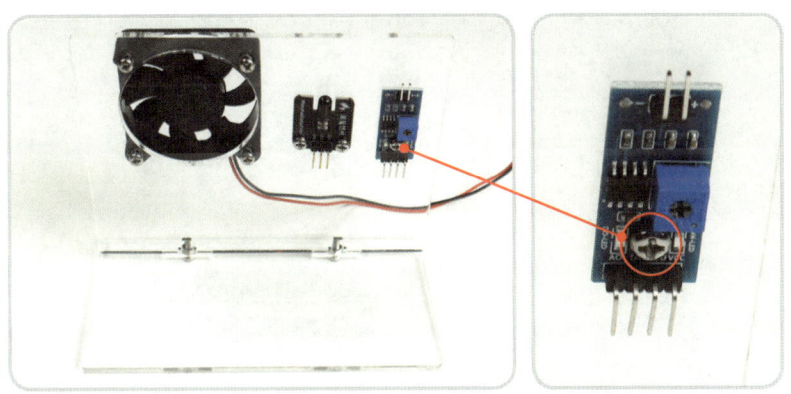

6. 불꽃감지센서에 10cm F-F 3개의 점퍼케이블 3개를 연결합니다. 사이버파이의 커넥터 단자에 GND 는 -, VCC는 +, OUT은 S2에 연결합니다.

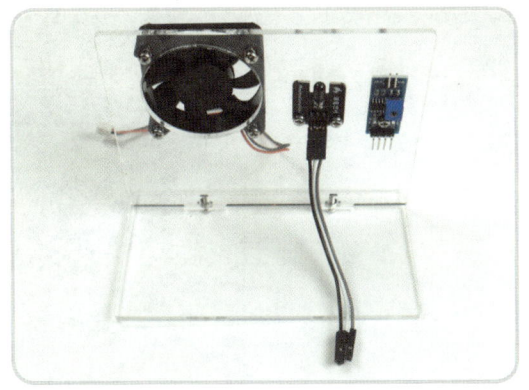 

03. IOT 키트 조립 순서

7. 수분감지센서에 3개의 10cm F-F점퍼케이블을 연결합니다. 사이버파이 커넥터 단자에 A0는 S1, GND는 -, VCC는 + 에 연결합니다.(D0커넥터는 연결하지 않습니다.)

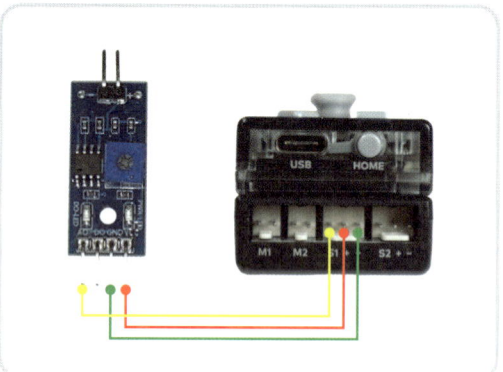

8. 20cm F-F케이블을 이용하여 수분감지센서와 저항센서보드를 극성에 상관없이 연결합니다.

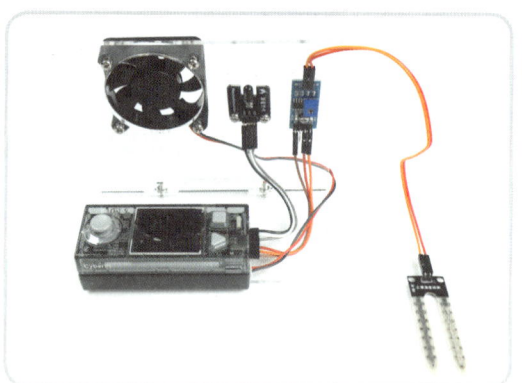

9. 저항센서보드를 화분에 꽂습니다.

10. 팬 모터를 빨간색과 검은색 커넥터의 극성에 맞도록 M1커넥터 단자에 연결합니다.

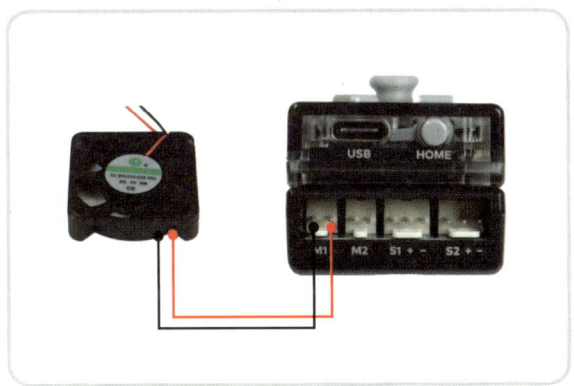

11. 전체 완성된 모습입니다.

사이버파이 실습1
04. 토양 수분 감지센서 값 읽고 표시하기

사이버파이는 센서값을 입력받기 위한 포트로 S1, S2 사용합니다. 센서로부터 디지털 출력 전압값(0V, 5V) 또는 아날로그 전압값(0~5V)을 입력받을 수 있습니다. 사이버파이의 S1에 수분감지센서를 연결하여 아날로그 전압값을 입력 받고 LCD에 표시하는 프로그램을 만들어 봅시다.(수분감지센서는 수분이 많으면 0에 가까운 값을, 수분이 적으면 5에 가까운 값을 출력합니다.)

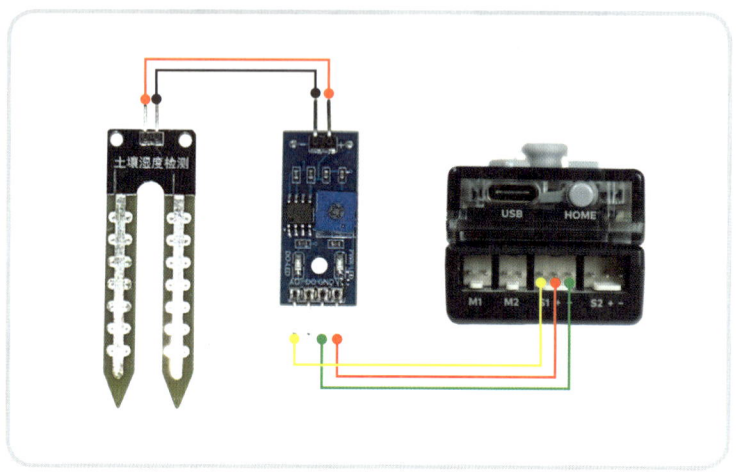

<수분감지센서 아날로그 전압 입력>

실습 예제

```
1   from cyberpi import*
2
3   def soil_sensor():
4       water_value = round(pocket.read_analog("S1"), 1)
5       display.show_label('수분:' + str(water_value), 16, 'center')
6       if water_value > 2.5:
7           led.on(255, 0, 0, 2)
8           audio.play_until('running-water')
9       else:
10          led.on(0, 255, 0, 2)
11
12  while True:
13      soil_sensor()
```

3~10. def 키워드를 이용하여 토양 수분을 감지하는 함수를 만듭니다.
round()함수를 이용하여, 아날로그 입력값의 소수 둘째 자리에서 반올림하고 LCD 중앙에 '수분:' 문자와 함께 표시됩니다. 만약 수분이 부족하다면 입력값이 2.5이상이 되고 2번째 LED가 빨간색으로 켜지고 물 흐르는 소리를 출력합니다. 2.5미만 인 경우 녹색 LED가 켜지고 소리출력이 중지됩니다.

12~13. while True: 문을 이용하여 토양 수분 감지 함수를 반복합니다.

실행 결과

<물을 충분히 주었을 경우>

<수분이 부족한 경우>

수분감지센서

수분이 충분한 경우 사이버파이 2번째 LED 초록색을 켜고, 수분이 부족하면 빨간색을 켜고 물 흐르는 소리를 출력합니다.

사이버파이 실습2
05. 불꽃감지센서 값 읽고 표시하기

불꽃 감지센서는 불꽃이 가지고 있는 영역의 파장에 반응하는 센서입니다. 7단계로 나뉘는 빛의 파장 중 이번 실습에 사용된 감지기는 570~590 노란색, 590~630 오렌지색, 630~750 빨간색을 감지할 수 있는 센서로 대부분의 화재에서 나타나는 빛의 영역입니다. 감지기는 불꽃이 감지되면 0V, 그렇지 않으면 5V를 출력합니다.

Wavelength(nm)	Color
380~420	violet
420~450	indigo
450~490	blue
490~570	green
570~590	yellow
590~630	orange
630~750	red

<불꽃의 색상에 따른 파장 범위>

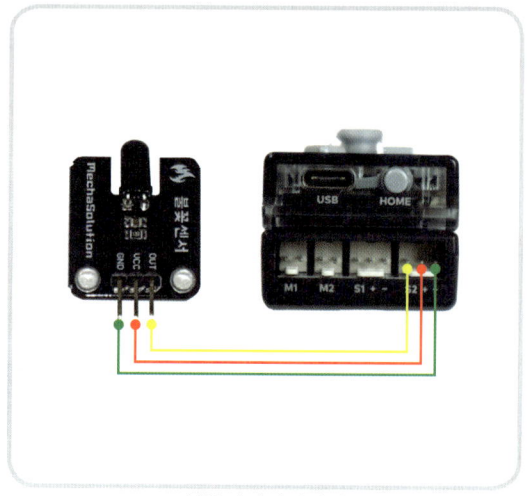

<불꽃 감지 센서 연결>

 실습 예제

```
1  from cyberpi import*
2  from time import*
3
4  def flame_sensor():
5      flameDetect = pocket.read_digital("S2")
6      if flameDetect == 0:
7          led.on(255, 0, 0, 3)
8          display.show_label('화재가 감지되었습니다!', 16, "center")
9          audio.play('beeps')
10         sleep(1)
11     else:
12         led.on(0, 255, 0, 3)
13         display.show_label('화재 감지중입니다.', 16, "center")
14         audio.stop()
15
16 audio.set_vol(5)
17 while True:
18     flame_sensor()
```

4~14. def 키워드를 이용하여 불꽃을 감지하는 함수를 만듭니다.
flameDetect 변수를 만들고 pocket.read_digital()함수를 이용하여 S2포트에 연결된 불꽃 감지센서 디지털 출력값인 0V 또는 5V값을 읽고 0또는 1을 저장합니다. 불꽃이 감지되면 0의 값이 저장되고 3번 LED가 빨간색으로 켜지고 '화재가 감지되었습니다!' 문자열이 출력되고, beeps 알람음이 출력됩니다. 감지되지 않은 경우 녹색 LED가 켜지고 '화재 감지중입니다.' 문자열이 출력되고 소리 출력이 중지됩니다.

16~18. audio.set_vol()함수를 이용하여 소리 크기를 5로 설정하고 while True: 문을 이용하여 불꽃감지 함수를 반복 수행합니다.

 실행 결과

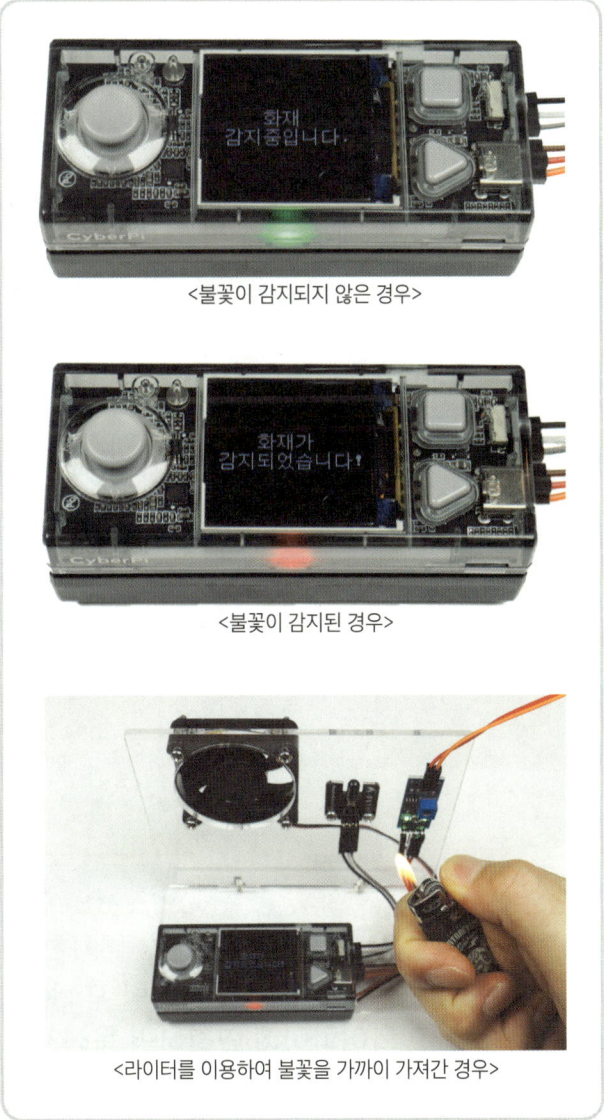

<불꽃이 감지되지 않은 경우>

<불꽃이 감지된 경우>

<라이터를 이용하여 불꽃을 가까이 가져간 경우>

라이타의 불꽃이 감지 되지 않은 경우 '화재 감지중입니다.' 문자열과 3번 LED가 녹색으로 켜집니다. 라이타의 불꽃을 센서 가까이 가져간 경우, '화재가 감지되었습니다!' 문자열 및 빨간색 LED가 켜지고 알람 소리가 출력됩니다.

사이버파이 실습3
06. 음성인식을 이용하여 LED 및 모터 제어하기

사이버파이는 클라우드를 통하여 음성인식 기능을 지원하고 있어 이를 사용하기 위해서는 클라우드에 접근 할 수 있는 Key와 인터넷이 필요 합니다. Key를 받기 위해서는 mblock에 로그인을 하여야 합니다.

mblock 우측 상단을 클릭하여 로그인 할 수 있으며 이메일 주소가 필요합니다.

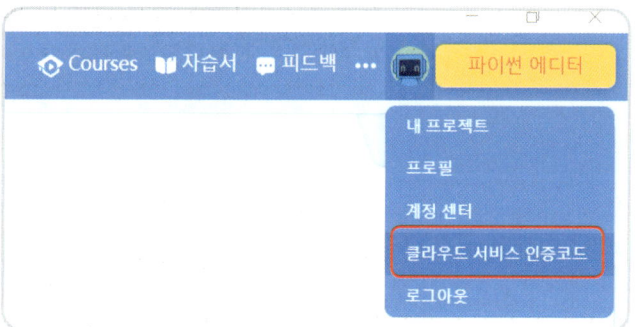

로그인후 버튼을 다시 클릭하면 위와 같이 클라우드 서비스 인증코드가 표시됩니다.

복사인증코드를 클릭하여 인증코드를 복사합니다.
복사한 인증 코드는 아래 1~4까지 입력 후 cloud.setkey( )함수의 인자로 복사한 인증코드를 넣고 와이파이에 연결하면 음성서비스를 사용할 수 있습니다.

```
1  from cyberpi import*
2
3  speech.set_recognition_address(url = "http://msapi.mblock.cc/ms/bing_speech/interactive")
4  speech.set_access_token(token = "{ACCESSTOKEN}")
5  cloud.setkey("복사 인증코드 붙여넣기")
```

사이버파이의 음성인식 기능을 사용하여 LED와 모터를 제어하는 프로그램을 만들어 봅시다.

 실습 예제

```
1   from cyberpi import*
2
3   speech.set_recognition_address(url = "http://msapi.mblock.cc/ms/bing_speech/interactive")
4   speech.set_access_token(token = "{ACCESSTOKEN}")
5   cloud.setkey("복사 인증코드 붙여넣기")
6
7   def wifi_connect():
8       display.show_label('와이파이 연결중입니다.', 16, "center")
9       led.on(255, 0, 0, 1)
10      wifi.connect('와이파이 ID', '와이파이 비밀번호')
11      while not wifi.is_connect():
12          pass
13      display.show_label('와이파이 연결되었습니다.', 16, "center")
14      led.on(0, 255, 0, 1)
15
16  def voice_recognition():
17      display.show_label('음성인식중 입니다.', 16, "center")
18      cloud.listen('korean', 5)
19      display.show_label(cloud.listen_result(), 16, "center")
20
21  def voice_control():
22      if cloud.listen_result() == '조명 켜.':
23          led.on(255,255,255, 5)
24
25      elif cloud.listen_result() == '조명 꺼.':
26          led.on(0, 0, 0, 5)
27
28      elif cloud.listen_result() == '모터 회전.':
29          pocket.motor_set(50,"M1")
30
31      elif cloud.listen_result() == '모터 정지.':
32          pocket.motor_set(0,"M1 ")
33
34  wifi_connect()
35  while True:
36      if controller.is_press('a'):
37          voice_recognition()
38          voice_control()
```

3~4. 음성인식 클라우드 접근을 위한 url 및 token 사용 함수입니다.

5. 클라우드 접속을 위한 인증 코드

7~14. 와이파이 접속을 위한 함수를 만듭니다. 공유기를 통해 와이파이에 접속하기 위해 wifi.connect()함수를 이용하여 아이디(와이파이 ID) 및 비밀번호(와이파이 비밀번호)를 입력합니다. 와이파이에 연결이 완료되기 전에는 1번 LED가 빨간색으로 켜지고, 연결이 완료된 경우 녹색 LED가 켜집니다.

16~19. 음성인식 함수로 한국어를 5초간 음성 인식 후 결과를 LCD에 표시합니다.

사이버파이 실습3
06. 음성인식을 이용하여 LED 및 모터 제어하기

21~32. 음성인식 결과에 따라 LED를 켜고 끄거나 pocket.motor.set()함수에 의해 M1에 연결된 모터가 회전 또는 정지합니다.

34. 와이파이 연결 함수를 호출합니다.

36. A 버튼을 누르면 음성인식 후 결과에 따라 LED와 모터를 제어합니다.

실행 결과

<와이파이 연결 전 상태>   <와이파이 연결 완료된 경우>

1. 와이파이가 공유기에 연결이 완료된 경우, '와이파이 연결 되었습니다.' 문자열과 녹색 LED가 켜집니다.

<'조명 켜.' 음성이 인식된 경우>   <'조명 꺼.' 음성이 인식된 경우>

2. A 버튼을 눌러 음성인식이 진행되는 동안 '조명 켜.' 음성이 인식된 경우 흰색 LED가 켜지고 '조명꺼' 음성이 인식된 경우 LED가 꺼집니다.

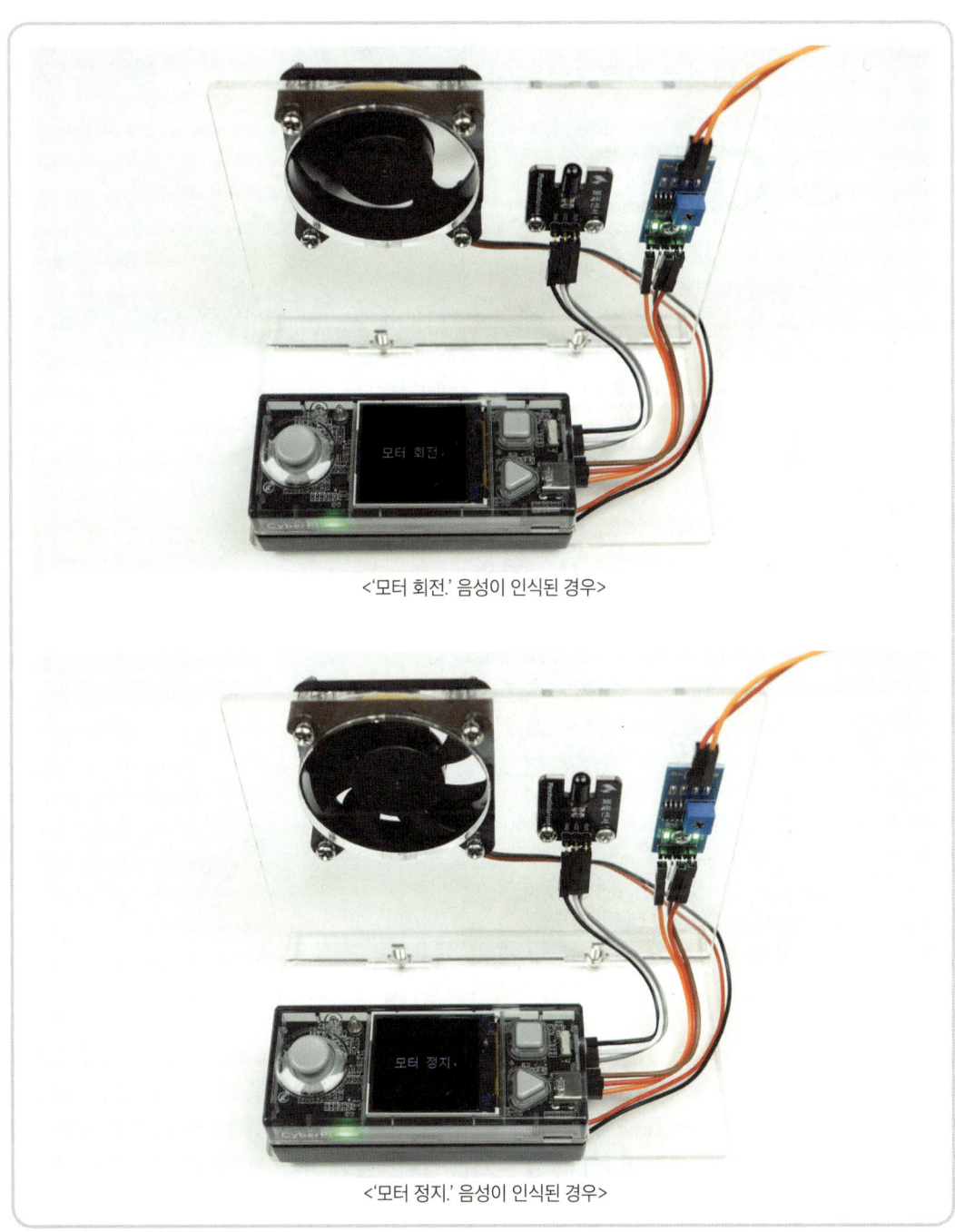

<'모터 회전.' 음성이 인식된 경우>

<'모터 정지.' 음성이 인식된 경우>

3. A 버튼을 눌러 음성인식이 진행되는 동안 '모터 회전.' 음성이 인식된 경우 팬 모터가 회전하며, '모터 정지.' 음성이 인식된 경우 회전이 멈춥니다.

사이버파이 실습4
07. 음성인식을 이용하여 날씨정보 표시하기

사이버파이의 음성인식 기능을 이용하여 서울의 날씨 및 미세먼지 PM10 정보를 출력하는 프로그램을 만들어 봅시다.

```
1  from cyberpi import*
2
3  speech.set_recognition_address(url = "http://msapi.mblock.cc/ms/bing_speech/interactive")
4  speech.set_access_token(token = "{ACCESSTOKEN}")
5  cloud.setkey("복사 인증코드 붙여넣기")
6
7  def wifi_connect():
8      display.show_label('와이파이 연결중입니다.', 16, "center")
9      led.on(255, 0, 0, 1)
10     wifi.connect('와이파이 ID', '와이파이 비밀번호')
11     while not wifi.is_connect():
12         pass
13     display.show_label('와이파이 연결되었습니다.', 16, "center")
14     led.on(0, 255, 0, 1)
15
16 def voice_recognition():
17     display.show_label('음성인식중 입니다.', 16, "center")
18     cloud.listen('korean', 5)
19     display.show_label(cloud.listen_result(), 16, "center")
20
21 def weather_info():
22     if cloud.listen_result() == '오늘 날씨.':
23         display.show_label(cloud.weather('weather', '1835847'), 16, "center")
24         sleep(3)
25     elif cloud.listen_result() == '미세먼지.':
26         display.show_label(str(cloud.air('pm10', '5508')), 16, "center")
27
28 wifi_connect()
29 while True:
30     if controller.is_press('a'):
31         voice_recognition()
32         weather_info()
```

21~26. 음성인식의 결과가 '오늘 날씨.'인 경우 cloud.weather()함수를 이용하여 서울(코드번호:1835847)의 현재 날씨 정보를 LCD에 출력 합니다. '미세먼지.'의 경우 cloud.air()함수를 이용하여 서울(코드번호:5508)의 현재 미세먼지 PM10 정보를 출력합니다.(주요 도시별 날씨코드와 미세먼지 PM10코드 목록 참조)

도시	날씨코드	PM10코드	도시	날씨코드	PM10코드
서울특별시	1835847	5508	전주시	1845457	5533
부산광역시	1838524	5521	춘천시	1845136	3978
인천광역시	1843564	5517	수원시	1835553	5513
대전광역시	1835224	5519	청주시	1845604	5520
대구광역시	1835327	5523	제주시	1846266	1806
광주광역시	1841811	5510	창원시	1846326	12557
울산광역시	1833747	5522	세종시	1842616	9009

<주요 도시별 날씨코드와 미세먼지 PM10코드 목록>

실행 결과

1. 와이파이 연결 완료 후 A 버튼을 눌러 5초간 음성인식을 진행합니다. 인식 결과가 '오늘 날씨.'라면 현재 날씨를 표시합니다.

2. A 버튼을 눌러 '미세먼지.' 음성이 인식된 경우 미세먼지 수치를 표시합니다.

사이버파이 실습5
08. 인공지능 IOT 코딩하기

사이버파이 실습1~5의 과정을 통해 각 기능별로 인공지능 IOT 프로그램을 만들어 보았습니다. 이러한 각 기능을 모두 종합하여 음성인식으로 사이버파이를 제어하고, 입력되는 센서값에 따라 동작하는 프로그램을 만들어 봅시다.

실습 예제

```
1   from cyberpi import*
2   from time import*
3
4   speech.set_recognition_address(url = "http://msapi.mblock.cc/ms/bing_speech/interactive")
5   speech.set_access_token(token = "{ACCESSTOKEN}")
6   cloud.setkey("복사 인증코드 붙여넣기")
7
8   #와이파이 연결 함수
9   def wifi_connect():
10      display.show_label('와이파이 연결중입니다.', 16, "center")
11      led.on(255, 0, 0, 1)
12      wifi.connect('와이파이 ID', '와이파이 비밀번호')
13      while not wifi.is_connect():
14          pass
15      display.show_label('와이파이 연결되었습니다.', 16, "center")
16      led.on(0, 255, 0, 1)
17
18  #날씨정보 함수
19  def weather_info():
20      if cloud.listen_result() == '오늘 날씨.':
21          display.show_label(cloud.weather('weather', '1835847'), 16, "center")
22          sleep(3)
23      elif cloud.listen_result() == '미세먼지.':
24          display.show_label(str(cloud.air('pm10', '5508')), 16, "center")
25          if cloud.air('pm10', '5508')>80:
26              led.on(255, 0, 0, 4)
27              pocket.motor_set(50,"M1")
28          else:
29              led.on(0, 255, 0, 4)
30              pocket.motor_set(0,"M1")
31          sleep(3)
32
33  #음성인식 LED 및 모터제어 함수
34  def voice_control():
35      if cloud.listen_result() == '조명 켜.':
36          led.on(255,255,255, 5)
37
38      elif cloud.listen_result() == '조명 꺼.':
39          led.on(0, 0, 0, 5)
40
41      elif cloud.listen_result() == '모터 회전.':
42          pocket.motor_set(50,"M1")
43
44      elif cloud.listen_result() == '모터 정지.':
45          pocket.motor_set(0,"M1 ")
```

```
46
47    #음성인식 기능 함수
48 ▸  def voice_recognition():
49        display.show_label('음성인식중 입니다.', 16, "center")
50        cloud.listen('korean', 5)
51        display.show_label(cloud.listen_result(), 16, "center")
52        weather_info()
53        voice_control()
54
55    #토양 수분 감지 함수
56 ▸  def soil_sensor():
57        water_value = round(pocket.read_analog("S1"), 1)
58        display.show_label('수분:'+str(water_value)+'v', 16, 'center')
59 ▸      if water_value > 2.5:
60            led.on(255, 0, 0, 2)
61            audio.play_until('running-water')
62 ▸      else:
63            led.on(0, 255, 0, 2)
64
65    #불꽃 감지 함수
66 ▸  def flame_sensor():
67        flameDetect = pocket.read_digital("S2")
68 ▸      if flameDetect == 0:
69            led.on(255, 0, 0, 3)
70            audio.play('beeps')
71            sleep(1)
72 ▸      else:
73            led.on(0, 255, 0, 3)
74
75    #메인 함수
76    audio.set_vol(5)
77    wifi_connect()
78 ▸  while True:
79        soil_sensor()
80        flame_sensor()
81 ▸      if controller.is_press('a'):
82            voice_recognition()
```

25~31. 미세먼지 PM10의 값이 80이상인 경우, 팬 모터가 회전합니다.

48~53. voice_recognition()함수 안에 weather_info(), voice_control()함수가 있어서 음성인식 기능 함수가 동작할 때 날씨 정보와 LED 또는 모터제어를 합니다.

76. 소리 출력 크기를 5로 설정합니다.

77. 와이파이에 연결합니다.

79. 토양 수분 감지 함수를 호출합니다.

80. 불꽃 감지 함수를 호출합니다.

81~82. A 버튼을 누르면 음성인식 기능 함수를 호출합니다.

사이버파이 실습5
08. 인공지능 IOT 코딩하기

실행 결과

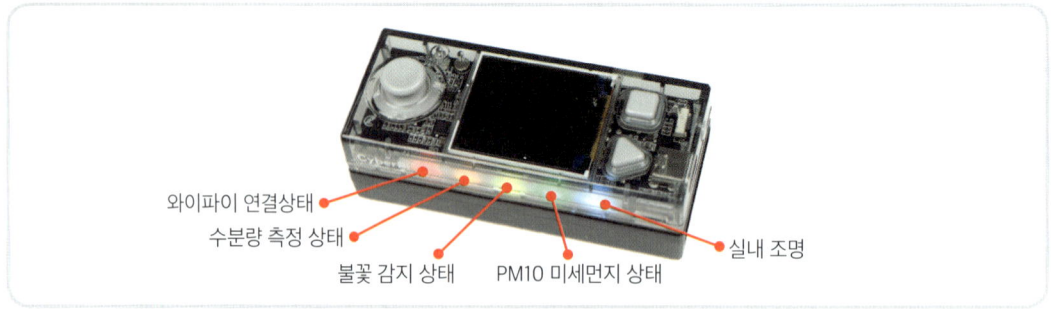

1. LED1~LED5는 각각 상태를 표시합니다.

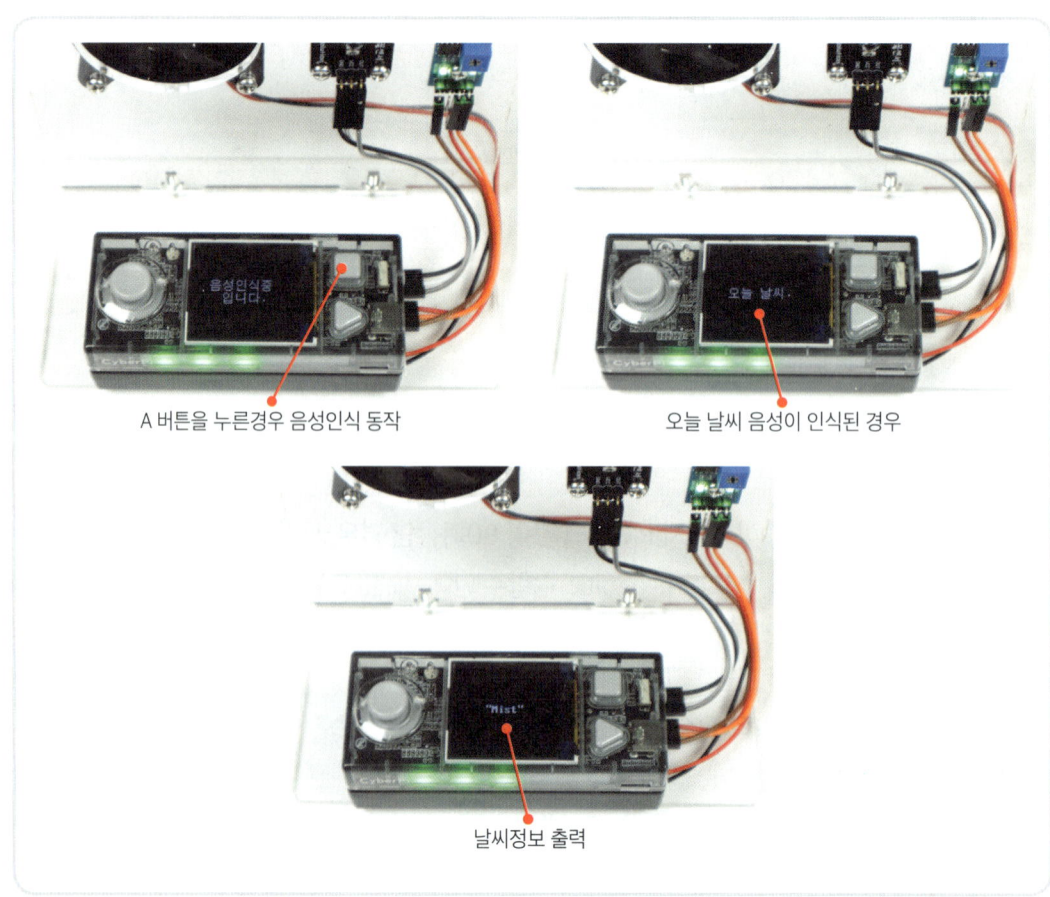

2. A 버튼을 누르면 [음성인식중 입니다.] 문자가 출력되고 음성인식을 5초간 동작합니다. 음성인식의 결과가 [오늘 날씨.]인 경우, 날씨정보가 출력됩니다.

3. 음성인식의 결과가 [미세먼지]인 경우, 서울의 미세먼지 PM10의 값이 출력됩니다. 80 이하인 경우 4번 LED가 녹색으로 켜지고, 80을 초과한 경우 미세먼지가 '나쁨'이므로 빨간색 LED를 켭니다.

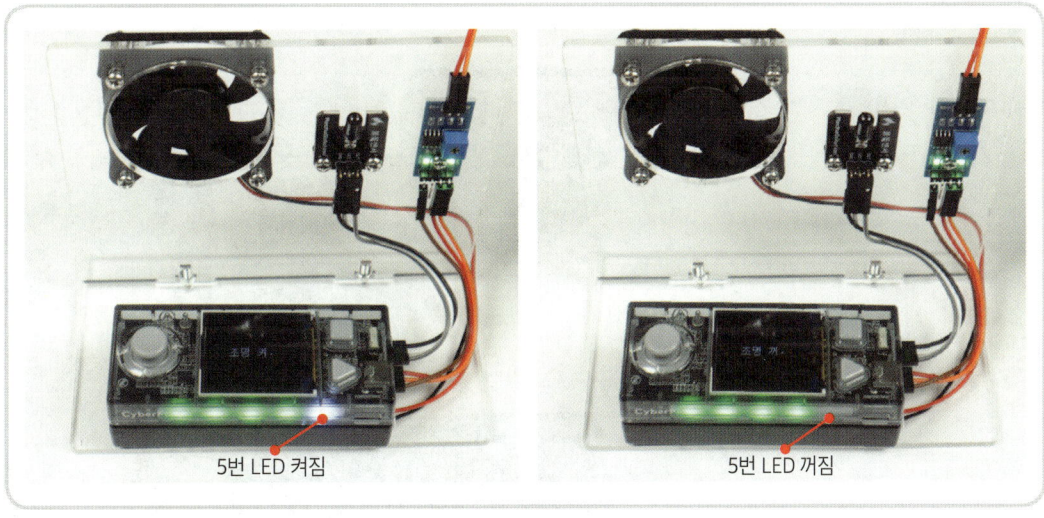

4. 음성인식의 결과가 [조명 켜]인 경우, 5번 LED가 흰색으로 켜지고, [조명 꺼] 음성이 인식된 경우 5번 LED가 꺼집니다.

사이버파이 실습5
08. 인공지능 IOT 코딩하기

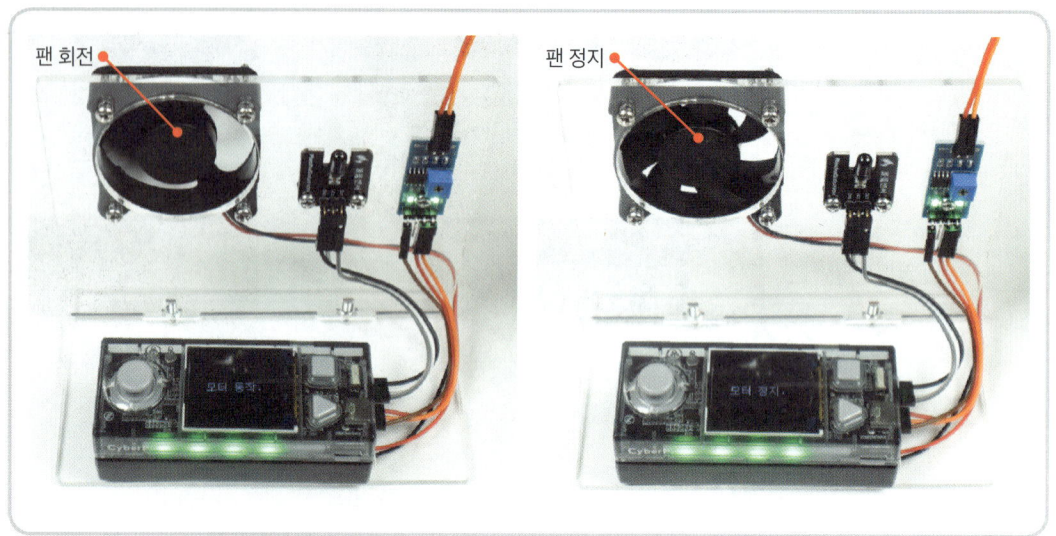

5. 음성인식의 결과가 [모터 동작.]인 경우, 팬이 회전합니다. [모터 정지.]인 경우 팬의 회전이 정지합니다.

6. 물을 충분히 준 화분에 꽂혀 있는 저항센서를 밖으로 빼는 경우 전압이 2.5V 이상이 되면서, 2번 LED가 빨간색으로 켜지고 물 흐르는 소리가 출력됩니다.

불꽃 감지 시 빨간색 LED 켜짐

7. 라이타를 켠 후 불꽃 감지센서에 가까이 한 경우 [화재가 감지되었습니다!] 문자가 출력되고, 3번 LED가 빨간색으로 켜지며 알람소리가 출력됩니다.

사이버파이와 함께하는
인공지능 파이썬 & 블럭코딩

초판 발행 | 2021년 12월 27일

지 은 이 | 창의융합과학㈜
펴 낸 곳 | 창의융합과학㈜
주　　소 | 경북 경주시 동대로 123 산학협력관 307호
대표전화 | 1577 - 5483　|　팩스 054-777-5969
홈페이지　www.codingmaker.kr (교재 활용 동영상, 교재 활용 키트 구매)
　　　　　www.funcodingschool.co.kr
이메일　sun40500@naver.com

이 책에 대한 의견이나 오탈자 및 잘못된 내용에 대한 수정 정보는 위의 홈페이지 고객 문의 사항이나 이메일로 알려주시기 바랍니다.

ISBN 979-11-89563-01-1
정 가　25,000원

이 책의 저작권은 창의융합과학㈜에게 있습니다.
책의 전부 또는 일부 내용을 무단 복제 및 전재 하는 것을 금합니다.